AF364034

L'AFFAIRE

MAUBREUIL

ŒUVRES DE M. FRÉDÉRIC MASSON

de l'Académie française

COLLECTION A 7 FR. 50 LE VOLUME

Mémoires et Lettres du Cardinal de Bernis (1715-1758) . . . . 2 vol. in-8°.

Le Cardinal de Bernis depuis son ministère (1758-1794) . . . . 1 vol. in-8°.

Journal inédit du marquis de Torcy . . . . . . 1 vol. in-8°.

Le Département des Affaires étrangères pendant la Révolution (1787-1804) . . . . 1 vol. in-8°.

ÉTUDES NAPOLÉONIENNES

I. **Napoléon dans sa jeunesse** (1769-1793). Édition nouvelle, en préparation, des *Notes sur la Jeunesse de Napoléon* accompagnant les *Papiers inédits* de Napoléon. . . . . 1 vol. in-8°.

II. **Napoléon et les Femmes. — L'Amour** . . . . 1 vol. in-8°.
Joséphine de Beauharnais (1763-1796). . . . 1 vol. in-8°.
Joséphine Impératrice et Reine (1804-1809). 1 vol. in-8°.
Joséphine répudiée (1809-1814) . . . . 1 vol. in-8°.
L'Impératrice Marie-Louise (1809-1815) . . . . 1 vol. in-8".

La série sera complète en six volumes

III. **Napoléon et sa Famille.** . . . . 9 vol. in-8°.

I. (1769-1802) . . 1 vol.		v. (1809-1810) . . 1 vol.
II. (1802-1805) . . 1 vol.		vi. (1810-1811) . . 1 vol.
III. (1805-1807) . . 1 vol.		vii. (1811-1812) . . 1 vol.
IV. (1807-1809) . . 1 vol.		viii. (1812-1813 . . 1 vol.

ix. (1813-1814) . . . . . . 1 vol.

L'ouvrage complet formera douze volumes

IV. **Napoléon et son fils** . . . . 1 vol. in-8°.
V. **Napoléon chez lui. — La journée de l'Empereur aux Tuileries** . . . . 1 vol. in-8°.
VI. **Cavaliers de Napoléon** . . . . 1 vol. in-8°.

COLLECTION A 3 FR. 50 LE VOLUME

Jadis . . . . 1 vol. in-18.

Jadis (2e série) . . . . 1 vol. in-18.

Le Marquis de Grignan, petit-fils de Mme de Sévigné . . . . 1 vol. in-18.

Souvenirs de Maurice Duvicquet . . . . 1 vol. in-18.

FRÉDÉRIC MASSON

De l'Académie française.

L'AFFAIRE
MAUBREUIL

PARIS

SOCIÉTÉ D'ÉDITIONS LITTÉRAIRES ET ARTISTIQUES

Librairie Paul Ollendorff

50, CHAUSSÉE D'ANTIN, 50

1907

Tous droits réservés.

IL A ÉTÉ TIRÉ A PART

Quatre exemplaires sur papier du Japon.
Dix exemplaires sur papier de Hollande.

numérotés à la presse.

INTRODUCTION

Depuis dix ans, à ces jeunes hommes que des circonstances particulières, des études obligées et l'oisiveté forcée semblaient attirer vers les travaux d'histoire et qui se disaient à la recherche d'un sujet, combien de fois n'ai-je point répété : Voyez la première Restauration ; tout est à en dire ; tout est à en découvrir et celui qui, dans ce trou noir, portera quelque lumière, aura fait œuvre utile et méritoire.

Ce n'était pas que j'en susse rien moi-même, mais, des quelques mémoires récemment publiés, s'échappaient des lueurs qui laissaient deviner l'époque la plus étrange et la plus mystérieuse. Et c'étaient des mémoires de favorisés, d'hommes qui avaient eu à se louer du régime, qui l'avaient servi, qui par lui avaient été comblés. Malgré eux, des vérités leur échappaient. On entrevoyait une mêlée d'hommes venus de tous les points de l'hori-

zon, inconnus les uns aux autres, condamnés à
une vie commune et à de perpétuels frottements,
ayant toutes les raisons pour se haïr ; ceux-ci
voulant arracher à ceux-là la proie qu'ils tiennent ;
l'orgueil exalté par vingt années de triomphes des
soldats de la Révolution et de l'Empire, les prétentions exacerbées par vingt années de misère et
de privations des émigrés du dehors et des insur-
gés du dedans ; l'appétit de revanches chez les
uns, la volonté de conserver chez les autres ; le
retour de la Monarchie escompté comme la rentrée
dans leurs biens par tous ceux qui avaient servi sous
le drapeau blanc, accepté comme une consolidation
de leur fortune par la plupart de ceux qui avaient
servi sous le drapeau tricolore ; entre les deux partis, s'entremettant, se querellant, haussant la voix
et brusquant les gestes, une foule d'hommes inter-
lopes et douteux, d'autant plus avides à se restaurer qu'ils avaient moins perdu à révolutionner,
la lie qui, dans l'agitation du moment, remontait
à la surface : Jacobins convertis, Royaux de Normandie, de Bretagne, de l'Ardèche, du Midi,
Compagnons de Jéhu, dévaliseurs de diligences,
fabricants d'assignats, à quoi venaient se joindre
des officiers déshonorés, chassés de l'armée impériale pour tricherie, vol ou assassinat, ineptes,
lâches ou traîtres. Et puis un roi subissant toutes

les fantaisies de son favori ; un héritier du trône convaincu qu'il règne, gouvernant comme il conspirait et avec les mêmes hommes ; des princes aux silhouettes falotes, l'un qui semble un séminariste en uniforme, l'autre un garçon boucher en bonne fortune, et le grouillement, tout autour de ces êtres royaux, de passions, d'intrigues, de besoins, d'appétits, dont nul n'a le secret ; et le choc de deux sociétés, de deux cours, de deux civilisations ; puis, en bas, dans l'ombre, une nation et une armée qui se sentent conquises, vendues, livrées, en qui, après l'abattement de la défaite, s'émeut l'inquiétude des intérêts menacés, la crainte du retour au passé, la haine des injures subies, la détestation de ces maîtres qu'imposa l'Étranger.

Mais cela apparaissait vague et brumeux, tel qu'un tableau de John Martin, avec des silhouettes à l'infini d'êtres irréels s'agitant dans un décor auquel le souvenir et le rêve prêtaient plus de grandeur encore. Pour préciser le dessin des figures, pour déterminer la mise en scène, pour formuler chaque acte de drame, il fallait s'instruire non seulement de la politique que révèlent certains actes royaux ou princiers, mais des projets formés, des buts marqués, des velléités entrevues ; il fallait fréquenter la Cour et les cours, se rendre assidu aux deux Chambres, entrer dans les salons, courir les cafés et les tripots, faire connaissance avec le personnel immense, inquiétant et mystérieux, qui, sur l'article 71 de la Charte octroyée, s'est rendu insaisissable par les noms changés, les titres arborés, l'étalage des services apocryphes ; et puis, ce n'était point assez d'entendre ceux qui parlent, il fallait interroger ceux qui se taisent, obtenir la confidence de ces paysans et de ces bourgeois de France, qu'on imagine bavards et futiles, qui sont au contraire les plus secrets, les plus avisés et les plus méfiants des hommes.

Je ne dissimulais point à mes jeunes interlocuteurs que telle était une part des difficultés à vaincre ; je leur avouais que, jusqu'ici, les sources sont médiocres et peu accessibles : les publiques, peu ou mal classées, peu abondantes, quantité de papiers n'y ayant point été versés ou en ayant été soustraits, peu sûres, car dans ce moment d'histoire, on fabrique des faux comme pour le plaisir ; les privées, inabordables à moins de complaisances ; un très petit nombre de témoignages individuels, encore infidèles, partiaux et suspects. Mais n'était-ce pas par ce mystère dont il reste enveloppé que cet épisode d'histoire générale, si nettement arrêté dans le temps, embrassant tout juste douze mois, pouvait et devait tenter de juvéniles ardeurs ?

Sans doute. — Mais à ces difficultés matérielles, s'ajoutent d'autres périls et devant ceux-ci, il faut, pour ne point reculer, quelque force d'âme, quelque intempestive vocation, quelque mépris des préjugés et des conventions mondaines. Pour pénétrer dans la sentine, pour y lever les masques, pour raconter les êtres, il faut ou cette forme de courage qui tient à la passion vengeresse, ou cette sorte de mépris qui relève de la misanthropie. Les jeunes gens d'à présent, dilettanti de l'histoire, cherchent peu les *affaires*, et s'ils souhaitent que leurs petits travaux leur fassent honneur et leur ouvrent certaines portes, ils n'ont garde de s'en fermer d'autres pour l'amour de la vérité seule.

*
* *

Si fort que la curiosité m'attirât moi-même vers cette époque tragi-comique, j'étais, pour le reste de ma vie, absorbé par un dessein qui ne me permet point les fantaisies. Les livres que j'ai publiés jusqu'ici sur Napoléon remplissent à peine la moitié du plan d'ensemble que je m'étais tracé, que je ne saurais espérer d'accomplir, mais où du moins j'entends pousser mon enquête tant que j'en aurai la force. Il fallut que, en disposant les matériaux qui servent de base au tome dixième de

Napoléon et sa Famille, je fusse arrêté par l'attentat commis à Fossard, le 21 avril 1814, sur la reine Catherine de Westphalie, et par ce qu'on a appelé l'Affaire Maubreuil. Celle-ci rentrait essentiellement dans mon cadre et je ne pouvais me dispenser d'en parler. Il semblait qu'elle dût être claire, car elle a été, même en ces derniers temps, et de la part d'historiens réputés, parmi lesquels M. Ernest Daudet[1], l'objet d'études qui ne laissaient guère d'espérance de trouver les clefs qu'ils avaient cherchées. Pourtant, attentivement regardés et comparés, les imprimés modernes laissaient des doutes et ne satisfaisaient point ma raison. Ils précisaient certainement et ils narraient dans le détail l'attaque sur la grand'route ; ils posaient suffisamment le personnage de Maubreuil, mais ils ne disaient point d'où il venait, qui l'avait lancé, à quels êtres il se rattachait. Ils faisaient de lui l'acteur principal, presque unique ; ils s'arrêtaient au vol qu'il avait commis et n'allaient guère plus loin ; — mais si ce vol n'était qu'un épisode ? si Maubreuil n'avait été qu'un comparse ? si, pour se tirer de presse, la bande qui l'avait mis en avant,

---

[1] M. Ernest Daudet a rapporté certaines phrases du comte d'Artois qui constituent l'aveu et, sans doute, s'il le voulait, armé comme il est, l'auteur de l'*Histoire de l'Émigration* pourrait résoudre les quelques problèmes que j'ai dû laisser en blanc. Mais le fera-t-il ?

l'avait sacrifié, comme on fait des êtres gênants, hâbleurs et compromettants? Qui avait imaginé le vol, qui en avait profité? Par qui et pour quoi Maubreuil avait-il été couvert, pensionné, grâcié? Questions singulièrement pressantes et qu'il fallait résoudre d'abord, si l'on voulait tirer à clair l'affaire de Fossard et connaître pourquoi Catherine avait perdu ses diamants; curiosité malsaine et qui devait me mener loin.

Elle m'obligea à remonter avant le 21 avril, à suivre plus tard; à recommencer toute l'instruction et, sans me laisser arrêter ni détourner, à la mener de bout en bout, avec les moyens très faibles dont je disposais. Ainsi m'a-t-elle conduit de Fossard à Orléans, puis aux Tuileries, du vol des Diamants de Catherine au vol du Trésor de Napoléon; Maubreuil a dénoncé la bande à laquelle il était affilié; et c'est la bande qui, pour attirer l'ennemi sur Paris, jalonnait les routes, désorganisait la défense et en livrait les secrets; la bande qui a abaissé Paris et la France à recevoir de ses mains, ces Bourbons que l'Étranger triomphant hésitait à leur imposer; la bande qui, à côté du Gouvernement provisoire et sous son nom, s'est établie maîtresse de la France; et elle l'est restée avec Monsieur, comte d'Artois, lieutenant général du Royaume; et elle a rendu possible la Déclaration de Saint-

Ouen, et c'est à elle que le roi Louis XVIII a dû son drapeau blanc, sa cocarde blanche, l'intégrité de son trône légitime et de ses dix-huit années de règne.

Par elle fut déjouée l'intrigue de Talleyrand et par elle avorta la conciliation entre la Monarchie et la Révolution. Je tenais donc — ou du moins le croyais-je — l'acte de naissance de la Restauration.

Pourtant n'était-il pas argué de faux ? N'a-t-on pas, dès le lendemain, tenté de le raturer, de le surcharger, de l'abolir même ? De ce que la complicité était établie entre le comte d'Artois et la bande dont Maubreuil avait été l'enfant perdu, fallait-il rejeter les autres témoignages, les autres aveux, les autres apologies. — Car combien se sont vantés d'avoir trahi l'Empereur, livré la France, combien en ont tiré gloire et profit !

Certes, ils sont nombreux, bien plus qu'on ne le croit, bien plus qu'on ne l'a jamais dit. Il y a parmi eux des gens de toute espèce, grands dignitaires, grand-officier de la Couronne, maréchaux, généraux, chambellans et écuyers de l'Empereur et des princes ; certains ont trahi sur le champ de bataille ; d'autres, dans les salons du Congrès ; ceux-ci ont espionné pour l'Étranger ; ceux-là se sont faits ses porteurs de paroles ; les traîtres foisonnent ; il y en a de toutes les façons et de toutes les espèces : devant ce qu'on découvre, devant ce qu'on est contraint de soupçonner, un immense dégoût monte aux lèvres et, dans cet abîme d'ignominie où l'on est plongé, il faut, pour se raffermir, lever les yeux vers la figure auguste de la Patrie et regarder, debout autour d'elle, l'épée au poing ou le fusil au bras, ces soldats qui redoublaient d'abnégation, de fidélité et de vaillance à proportion que l'adversité se faisait plus âpre et que la mort éclaircissait leurs rangs.

Mais, si la trahison est partout, ou presque, elle est latente ; elle s'exerce, si l'on peut dire, professionnellement ; elle reste mystérieuse et timide. Ces hommes marchandent leurs intérêts avec l'ennemi et avec les Bourbons : ils n'auraient garde de descendre dans la rue, de se mêler à une émeute, de prendre part à un coup de main tel que le 31 mars. Ils n'ont ni l'audace qu'il faut, ni le goût à tout risquer, ni ce grain de folie qui jette les conspirateurs à l'action brutale. Ce sont des hommes de salon que l'âge, l'infirmité, la dignité, la peur, le respect humain retiennent à leurs fauteuils. Mais, le coup réussi, il n'a pas convenu d'avouer et de reconnaître par qui il avait été fait. Il n'a pas convenu que pour les bénéfices que comptait en tirer M. de Talleyrand, la Restauration eût d'autre père que lui. Il n'a pas convenu qu'aux fonts baptismaux de la Monarchie restaurée, on trouvât des aigrefins, des bandits, des forçats marqués. Alors, deux légendes parallèles ont été mises en circulation : d'une part, substituer à ces gens de main, les représentants les plus qualifiés de l'aristocratie française, des personnages considérables et titrés, quelques traîtres éminents et la nation soulevée d'enthousiasme ; d'autre part, rendre à M. de Talleyrand tout l'honneur de cette journée, en joindre le lustre aux services éminents qu'il avait rendus à Dieu et au Roi. La première légende, nombre d'écrivains royalistes se sont donné ou ont reçu mission de l'accréditer ; la seconde, M. de Talleyrand ne s'en est rapporté qu'à lui-même pour lui faire un sort.

Que cet homme soit assoiffé d'ignominie au point qu'il l'accapare, qu'il pense que sa réputation serait diminuée s'il en laissait à des hommes qui ne fussent pas de sa société; cela peut être dans ses goûts : mais il obéit bien plus à ses intérêts et à son amour-propre. L'intérêt, nul ne saurait le contester : à affirmer qu'il fut l'auteur du 31 mars, il a gagné sa clef de grand chambellan, le portefeuille des Affaires étrangères, la représentation de la France au Congrès de Vienne, bien

de l'argent et sa séparation de Mme de Talleyrand ;
mais l'amour-propre ! Lui, l'homme le plus fort
en intrigues de toute l'Europe, le diplomate le
plus réputé, le politique qui laissait croire que,
d'une main négligente, il tenait tous les fils par
qui il agitait à son gré les empereurs et les rois,
il eût été, sur son terrain de Paris, dupé, battu,
roulé par quelques gredins inconnus, vivriers,
imprimeurs, marchands de fourrage, ex-laquais;
allons donc! C'est lui, lui seul qui l'a faite, cette
journée du 31 mars. Cela est faux, mais il faut que
cela devienne vrai pour que le monde continue à s'in-
cliner devant son infaillibilité et sa maîtrise. Tout
au plus en donnerait-il quelque part à un Sosthène
de la Rochefoucauld. Celui-là est de son monde.
Mais d'autres, il n'a jamais ouï parler; il le dit,
l'écrit, le répète, le fait conter par ses amis et ses
amies si souvent qu'on finit par le croire.

Pourtant cette légende-ci est menteuse comme
celle-là : la vérité est que seule la bande du comte
d'Artois a marché, qu'elle a tout mis en branle,
tout risqué, tout fait. Les grands seigneurs, les
gens titrés et connus, sont arrivés à la curée quand
la bête était portée bas et dépouillée; ils en ont
sonné d'autant plus haut qu'ils n'avaient pas suivi
la chasse. M. de Talleyrand n'a point fait, comme
il dit la Restauration; il l'a reçue toute faite, ou

plutôt il l'a subie. Malgré ses efforts, ses roueries, l'habileté de ses combinaisons, il n'a rien pu y changer. Il n'a pu empêcher que le drapeau blanc n'eût été déployé, que la cocarde blanche n'eût été arborée, que le roi légitime — *El Rey neto* — n'eût été proclamé, que les Alliés ne l'eussent accepté, que lui Talleyrand n'eût été contraint de le reconnaître. Vainement ensuite tenta-t-il, pour la constitution qu'il avait méditée et qui devait assurer sa fortune et celle de ses complices en révolution, de jouer d'Alexandre, des rois alliés, des baïonnettes étrangères. Le Roi était en possession. On n'a point à discuter, à négocier, à marchander avec celui qui effectivement possède. Par là, tout l'édifice de M. de Talleyrand avait croulé : au pied de la Déclaration de Saint-Ouen, c'est le contre-seing de Maubreuil ou de Vauteaux qu'on devrait trouver, non celui de Vitrolles.

Et il est une troisième légende aussi menteuse, que tout le monde, de concert, s'était efforcé d'accréditer, depuis le Roi jusqu'aux traîtres illustres, depuis les grandes dames amoureuses de cosaques jusqu'aux pamphlétaires faméliques brusquement convertis au Royalisme; et cette légende-là est la plus infâme des calomnies : que M. de Talleyrand ait eu plus ou moins de succès dans ses intrigues, que les royalistes de salon aient disputé aux roya-

listes de la rue d'avoir les premiers provoqué
l'Étranger à proclamer les Bourbons, c'est affaire
entre eux; cela ne change rien à leur mentalité : les
uns auraient osé ce que les autres rêvaient, la
responsabilité reste pareille, si l'audace diffère.
Mais le peuple de Paris n'a que faire de la flé-
trissure que les Bourbons ont imprimée sur lui
pour accréditer qu'ils avaient été réclamés par
la nation, non pas — comme il est vrai —
imposés par l'ennemi. Tous les documents, tous
les témoignages concordent. C'est au milieu de
l'hostilité déclarée du peuple de Paris, que les
royalistes ont invoqué pour les Bourbons l'Étranger victorieux. Nos pères ont subi la Restauration ;
mais de la contrainte à la complicité, de la servitude à la servilité, ils n'ont pas franchi le pas —
et il est large : l'honneur est entre deux.

Un attentat à la Malet les a livrés aux Blancs.
Encore la comparaison n'est pas équitable. Malet
avait spéculé sur une hypothèse, il s'était emparé
d'un prestige; il s'était couvert d'un mensonge :
c'était son droit de conspirateur; l'Étranger n'en-
trait pour rien dans son jeu [1]. Ici l'Étranger fut
tout. Il s'agissait, non pas de déterminer les pouvoirs publics, abusés par la nouvelle de la mort de

[1] Je dis Malet, non Guidal et Laborie.

Napoléon, à accepter le gouvernement provisoire du général Malet, mais de déterminer les souverains étrangers, abusés par les démonstrations en l'honneur des Bourbons, à imposer le règne de Louis XVIII. Cela, de notre temps, suffit à creuser un abîme entre les deux actions, qu'elles aient échoué ou réussi. On peut avouer, défendre, louer Malet; je doute qu'il surgisse des apologistes pour la bande La Grange.

Il y a cent ans, la mentalité était différente, et l'impartialité force à le dire. Les hommes qui, depuis 1791, depuis vingt-trois ans, n'attendaient rien que de l'intervention des puissances étrangères dans les affaires de France, qui mendiaient leurs subsides, qui recevaient leur solde, qui combattaient dans leurs armées, qui leur servaient d'auxiliaires dans les guerres civiles, qui s'associaient à tous leurs projets et se subordonnaient à tous leurs desseins, ces hommes regardaient les étrangers victorieux comme des libérateurs. Depuis un quart de siècle ils attendaient la Contre-Révolution. Celle-ci était impossible tant que la France serait victorieuse, tant qu'elle serait maîtresse d'elle-même. Donc, il fallait que la France fût vaincue, conquise, soumise par les champions du Roi, lesquels lui imposeraient la Contre-Révolution. Raisonnement d'une simplicité absolue et d'une logique irréfutable pour quiconque était royaliste, depuis le Roi jusqu'au dernier chouan. D'ailleurs, il n'y avait pas que les Royalistes à penser que les Étrangers pouvaient intervenir dans les affaires de France : les généraux républicains, dès qu'ils étaient entrés dans les factions, n'éprouvaient, semble-t-il, aucune répugnance à s'accorder avec eux, à combattre dans leurs rangs, à leur fournir des plans d'attaque : ainsi Dumouriez, Pichegru, Moreau, tant d'autres. Le temps n'était pas si lointain où des généraux passaient de service en service, suivant qu'on les payait mieux ici ou là, qu'on leur procurait plus d'avantages et qu'on leur offrait de plus hauts grades : Saint-Germain en est un exemple et aussi le dernier des maréchaux de France qu'ait nommés Louis XVI : le maréchal Lückner.

-Cela dit pour essayer d'être juste et de mettre les choses au point. Le propre de la Révolution a été de proclamer, de propager, d'établir le *Nationalisme*; la nation, maîtresse chez elle, ne tolérant point l'intervention de l'Étranger, moins encore la complicité avec l'Étranger. Toute la Révolution est là; comme toute la Contre-Révolution dans l'accord avec l'Étranger; la Contre-Révolution, c'est la Restauration en puissance. Alors pourquoi

s'étonner si la Restauration en action est consé-
quente avec ses principes.

Voilà donc où m'a conduit Maubreuil : à mieux
comprendre la grandeur de la Révolution. C'est
un résultat qu'il n'eût pas attendu. Mais il devait
fournir bien d'autres surprises.

* *

La complicité de Monsieur avec la bande à
laquelle Maubreuil était affilié étant établie, —
c'est ce que je crois avoir démontré dans le premier et le deuxième chapitre de ce livre — comment les attentats d'Orléans et de Fossard, perpé-
trés sous un gouvernement irrégulier et transitoire,
tel que celui du lieutenant général du Royaume,
avaient-ils été appréciés par le gouvernement
régulier et définitif du roi Louis XVIII? Si les auteurs en avaient été poursuivis et condamnés,
c'est que la Charte n'était pas un vain mot et que
la Justice siégeait sur les fleurs de lys ; s'ils avaient
été couverts et innocentés, c'est que Louis XVIII
préférait la Raison d'Etat : il ne désavouait pas son
frère ; donc il s'établissait son complice.

Le cas méritait d'être examiné et il pouvait
être de conséquence : durant l'Émigration, les
procédés d'action du comte de Provence ont paru

différer de ceux du comte d'Artois : mais n'était-ce qu'un jeu ? Si l'un semblait ignorer, s'il condamnait même à l'occasion, les moyens que l'autre employait, n'était-ce qu'une attitude? Profiter des agréments obtenus moyennant le vol ou l'assassinat, et décliner la responsabilité de ces crimes, cela eût été commode et pratique et eût conservé son prestige à la Royauté. Mais le recéleur n'est-il pas puni de la même peine que l'auteur principal? Étant donné que, en 1814, pour restaurer la Royauté, le comte d'Artois a suivi la marche qu'il avait adoptée durant le Consulat et l'Empire, qu'il a employé les mêmes hommes et qu'il a ordonné des actes pareils, si ces faits qui, à n'en pas douter, ont été mis à la connaissance du Roi, n'ont pas été châtiés par lui, ne serait-ce pas la preuve que la divergence d'opinions entre les deux frères, pendant l'Émigration, n'était qu'une apparence et qu'en réalité s'ils différaient en paroles, ils s'accordaient sur le fond ?

J'ai donc, durant la dix-neuvième année de son règne, suivi le Roi Très Chrétien en ses fonctions de justicier : il a parlé, son chancelier a dit le reste et la conclusion à tirer de leurs discours, c'est que si la Bastille était rasée à la Porte Saint-Antoine, elle était relevée rue de Jérusalem, rue du Roi-de-Sicile et rue du Cherche-Midi. De là, l'on eût pu s'étendre à discuter l'efficacité de la Charte Octroyée, mais une espèce ne suffit point.

Les aventures de Maubreuil, aussi bien que celles des diamants westphaliens, sont pourtant instructives; M. de Blacas y prend son rôle auprès du Chancelier et du directeur de la Police, mais le sien est plus avantageux : c'est celui de Maire du Palais. Il peut tout, fait tout, ose tout. Il est le personnage à qui chacun cède, à commencer par la Charte. On a raconté M. de Blacas en émigration : espérons qu'on le montrera dans l'exercice du suprême pouvoir.

Ce mode d'administrer la justice, tel qu'il fut adopté par le Roi restauré, fut-il suivi à son retour de Gand ? J'en ai cru en trouver les preuves, au moins à l'égard de Maubreuil. Puis, et cela fut la moindre tâche et la moins instructive, j'ai tenté de fixer par quelques repères la carrière de cet aventurier.

Maubreuil n'a qu'un jour touché à l'histoire. Ce jour passé, quelque effort qu'il fasse pour paraître exister, il n'est qu'un fantoche déséquilibré. Seulement ce fantoche reproduit machinalement des actes qui expliquent son attitude d'un jour.

*
* *

Ainsi donc, parti de Fossard, j'avais fait tout à l'entour une longue randonnée dont le récit n'était plus à sa place dans un livre tout entier consacré à Napoléon et à sa famille ; si je me détermine pourtant à publier le résultat de mon enquête, ce n'est pas que, malgré des trouvailles parfois heureuses aux Archives nationales, aux Archives de la Guerre, de la Préfecture de Police, des Affaires Etrangères, malgré les précieux envois qui m'ont été faits de Saint-Pétersbourg, malgré les indices que fournissent les rapprochements entre les divers témoignages imprimés, je prétende être, sur tous les points, parvenu à la certitude. Quantité de faits restent incompréhensibles ; quantité de personnages mystérieux. On a écrémé certains dossiers, on a supprimé beaucoup de pièces. On a fait effort pour que cette affaire restât dans l'ombre justement à cause des réflexions qu'elle suggérait. J'ai pourtant fait assez bonne chasse pour que je veuille montrer mon tableau.

Pour que tout soit détruit par les agents qu'on charge de telles besognes, il faudrait leur avoir fait confidence de tout : et l'on n'a garde. Alors ils vont aux personnages principaux : ils ignorent ou négligent les comparses. Parfois même, dans la hâte désordonnée des versements précipités, laissent-ils échapper telle pièce dont ils ne comprennent pas la valeur : Ainsi, dans les papiers du Secrétariat d'État provisoire, l'ordre donné par Monsieur pour la confiscation du Trésor impérial.

Et puis il y a les collections particulières ; il y a les papiers que la cupidité, la curiosité, la prudence ont fait réserver et qui sortent quelque jour de leurs cachettes ; il y a les liasses poudreuses, oubliées durant un siècle dans quelque grenier, et que met en circulation la vente de la maison où l'on ignorait même leur existence : ainsi fut-il ici pour les papiers du baron de Marinville : néanmoins, certaines pièces que je sais, m'ont échappé il y a quelque vingt ans et j'ai dû m'en passer.

J'aurais pu publier quantité de lettres et de rapports postérieurs à 1815 et relatifs à Maubreuil. Là n'est point l'intérêt de cette étude : il est concentré sur l'affaire même et je sais fort bien ce qui me manque pour que, suivi de tout en tout et appuyé constamment de pièces authentiques, le raisonnement historique ne laisse place à aucune critique et ne permette aucun doute. Il manque d'abord l'original de l'ordre adressé par le Cabinet de Monsieur ou par Monsieur même aux ministres de la Guerre et de la Police pour légitimer la mission confiée à Maubreuil ; mais je ne suis pas assez naïf pour m'étonner que ce papier ait disparu : il était le premier qu'on dût chercher et détruire, en admettant même que l'ordre n'ait pas été verbal ; ensuite, les documents dont l'entrée est constatée au registre de correspondance du Secrétaire d'État provisoire ; les correspondances du service des vivres et les documents sur son organisation, son fonctionnement et sa liquidation (ceux-ci brûlés dans un récent incendie au ministère de la Guerre ;) les correspondances relatives au rachat des diamants — c'est-à-dire les papiers du baron de Gayl ; enfin les aveux, les apologies, les mémoires de certains des acteurs : il en existe. Tout cela, il n'y a guère que le hasard qui puisse le fournir, mais depuis vingt ans que je cherche des papiers, j'ai rencontré tant d'heureux hasards !

Si elle n'est point complète, l'instruction est suffisante, le procès est en état ; tel je le propose à juger, et j'attends avec quelque impatience ce que diront, pour innocenter leurs clients, les avocats de Louis XVIII et du comte d'Artois — s'il s'en rencontre.

*
* *

Et voici à quoi je conclurais, si je me permettais de tirer les enseignements que j'ai gardés de cette vive et rapide reconnaissance.

Au milieu d'un peuple qui depuis vingt ans a épuisé des siècles, au milieu d'une société où tout est changé, des institutions, des mœurs, des habitudes, des passions même, des hommes sont tombés : ils ont vécu comme en rêve ce long espace de jours, ils n'ont pris conscience de rien qui s'y soit passé, ils sont aussi étrangers à leurs contemporains et à leurs compatriotes restés en France que s'ils étaient séparés d'eux par des générations à l'infini; contraints par certaines obligations qu'ils ont acceptées ou subies, ils s'étonnent de ne point se retrouver tels que lorsqu'ils ont quitté leur pays et, l'ayant vaincu, par la main il est vrai des étrangers coalisés, ils prétendent se rétablir dans toutes les places, dans tous les biens, dans tous les droits qu'ils avaient eus.

Au moins avaient-ils, la plupart, avant que la Révolution les fit sortir de France, un nom, un état, des charges, des titres; ils avaient même bien des dettes, mais ils ont perdu, s'ils l'eurent jamais, le compte de celles-ci; ils n'ont gardé que l'orgueil et la vanité de ceux-là. A y regarder d'un peu près, on trouverait, parmi les plus ardents à restaurer, des seigneurs gascons qui, en quittant leur château de misère, n'en emportèrent que la cape et l'épée et qui rencontrèrent sur les chemins de l'exil la Fortune souriante, mais au moins ont-ils fait leurs preuves, et montré leurs seize quartiers.

Ces gens-là ne feraient rien eux seuls. Dès leurs premiers pas sur ce sol qui leur est inconnu, ils rencontrent des individus qui s'offrent à être leurs guides et à leur apprendre la France, qui se disent royalistes et le prouvent. Ils ont servi dans ces bandes dont on ne peut dire si elles escroquaient, volaient et tuaient pour le service du Roi ou pour l'agrément de leurs chefs. C'était la bonne école : tirer de l'argent du Gouvernement anglais ou, celui-ci manquant, d'une bonne pâte d'Anglaise crédule, telle une Madame Akins ; dévaliser les diligences et chauffer les patriotes ; abattre des gendarmes, des douaniers et des soldats, isolés autant que possible, et vider leurs poches, cela s'appelait soutenir les droits du Roi. Pour ce métier, bien sûr ne s'enrôlaient point les gens à scrupules, mais des « bons bougres » qui n'avaient rien à perdre. Après la Pacification, ceux qui n'avaient point été branchés corde au col, ou plombés de douze balles, continuèrent plus modestement : ils conspirèrent, escroquèrent, s'entremirent dans les fournitures, firent des affaires : cela ne les changeait pas, et leur vie s'écoulait, en marge des Lois qu'ils ignoraient comme étant le produit détestable de la Révolution.

Les désastres survenant, leur royalisme s'éveilla, c'était bien leur tour d'être les maîtres. Ils organisèrent l'espionnage ; ils attirèrent l'étranger ; ils lui livrèrent la défense ; ils déchaînèrent au passage des vainqueurs leur enthousiasme légitime. Et du même coup qu'ils arboraient leurs cocardes blanches, ils annoncèrent des titres : Anoblis de la veille à la Révolution, roturiers même et manants, sinon pis, ils se révélèrent marquis, comtes, vicomtes — point barons cela sentait l'Empire — mais chevaliers et parfois vidames. Une formidable éclosion de feuilles d'ache, une miraculeuse pêche de perles ! En vérité pour n'avoir point son titre à promener au Palais-Royal, à l'Opéra, sur les boulevards, il fallait être jacobin pour le moins — Septembriseur ou Bonapartiste — ce qui se valait. Et tout de suite la contagion gagna, comme une tache d'huile. Quiconque avait émigré, combattu pour le Roi ou fait semblant, se réveilla titré — le plus souvent avec quelques noms de plus, fort jolis puisqu'on les choisissait à son gré et des armoiries délicieusement compliquées et évoquant les croisades, quoique peintes tout à neuf.

Les revenants s'y trompèrent, volontairement
peut-être. Quand on est aussi embarrassé d'être
isolé, on recueille volontiers dans son parti quiconque dit en être. D'ailleurs, pour la besoigne
qu'on méditait, il fallait être en nombre. Il ne
s'agissait rien moins que d'en finir avec la société
telle qu'elle se trouvait constituée et de rétablir
l'ancienne. Et ce fut alors un assaut désespéré
mené, les Princes à la tête, par les fidèles et les
bandits contre des institutions déjà si bien entrées
au sol, si congruentes aux besoins des peuples, si
appropriées à leur façon de penser, si adaptées à
leur forme de vivre que, à cette poussée, elles
résistèrent — non pas les politiques, cela compte
peu et n'intéresse guère — mais les administratives, les judiciaires, les fiscales, les économiques,
les religieuses. De tous côtés, on les menaça,
on les cerna, on les sapa, on y poussa les mines :
et elles soutinrent tous les chocs. Institutions de
la Révolution, a-t-on dit : non pas. Celles-ci, en
deux années de Consulat, avaient été pacifique-
ment balayées, à l'applaudissement unanime de la
nation. De toute l'œuvre révolutionnaire il subsis-
tait la division du territoire en départements, et
ce n'était pas pour le mieux. Tout le reste venait
de Bonaparte : c'était son œuvre à lui, c'était sa
société à lui. Mais il ne l'avait point imaginée

telle qu'Utopie, Salente ou la Cité du Soleil, comme firent les hommes de la Constituante et de la Législative, de la Convention et du Directoire. Il ne l'avait point tirée vive de son cerveau, Minerve bancale et manchotte, destinée à périr au prochain jour, faute d'organes normaux qui l'alimentent; il en avait recueilli tous les éléments dans les débris écroulés du vieil édifice français. Ces débris, il les avait pris, un à un, il les avait retournés dans ses mains, il en avait éprouvé la résistance, il avait écarté ceux qui étaient désuètes et vermoulus, qui n'avaient plus, en 89, qu'une survivance de souvenir et qui, après dix années, ne pouvaient s'adapter à une France qui les avait oubliés; il avait soigneusement mis à part ceux qui avaient fait leurs preuves, les avait nettoyés et restaurés, leur avait imposé, avec des noms modernisés, des formes rajeunies; il avait simplifié des rouages, diminué le personnel, accommodé les règlements aux mœurs présentes. D'apparence, tout était neuf; de fait, tout était traditionnel: tout rentrait dans des habitudes qui n'étaient point encore si lointaines, que, avec l'ordre revenu, le retour des institutions qui l'assuraient ne parût point tout naturel et tout simple; mais, de la tradition, il avait écarté les abus que les âges avaient introduits, les sinécures que la faveur avait créées, les superfétations que le besoin des temps avait introduites pour en tirer parti : sous les vêtements qui le couvraient et le déguisaient, sous la graisse qui l'alourdissait, sous les ulcères qui le rongaient et le déshonoraient, il avait retrouvé le squelette admirable des Institutions qu'une suite de grands rois et de grands ministres avaient peu à peu superposées, pour l'administration de la France monarchique, à celles, subsistantes encore mais dès lors caduques, de la France féodale. Celles-ci étaient tombées en poussière, de celles-là l'essentiel était rétabli, si bien que l'œuvre de Bonaparte était aussi l'œuvre de Richelieu et de Colbert, de Louvois et de Choiseul, l'œuvre de Louis XIII et de Louis XIV. Elle avait ceci qui lui assurait la durée d'avoir été mise à l'épreuve par les siècles, d'avoir été patinée par eux, de s'être liée peu à peu à la nation, de répondre à la fois, par ses vocables nouveaux, à l'attrait que notre peuple éprouve pour les changements, et, par sa pratique ancienne, aux accoutumances dont s'accommode son tempérament traditionaliste.

En écartant l'idéologie, l'économisme, le philosophisme, en reprenant la doctrine des vrais Français qui, avant toute chose, étaient des hommes pratiques, des hommes de bon sens, des hommes s'ingéniant à faire produire par la nation le maxi-

mum d'effets avec le minimum d'efforts, Bonaparte avait créé un système dont les deux bases
essentielles étaient la justice et l'utilité, dans lequel
rien n'était de montre, d'apparat et de faveur, où
tout se liait et s'enchaînait, et formait une masse
résistante dont chacune des parties se correspon-
dait, s'équilibrait et s'étayait mutuellement.

Là contre, les Émigrés et leurs alliés se sont
rués leur brette au vent; ils l'y ont brisée. Sans
doute, ils n'ont pas été sans emporter quelques
postes avancés, et de ce qui traînait sur le sol, ils se
sont garni les mains. Ce qui était à la disposition
directe du Roi, les grades, les rubans, les emplois,
au moins ceux qui n'exigeaient du titulaire nul
apprentissage, ils l'ont obtenu sans nulle peine;
Louis XVIII a fait plus d'officiers généraux en
une année de Restauration que Napoléon pendant
dix années d'Empire; non seulement tous les
jeunes garçons à particule dont on a recruté la
Maison du Roi ont été sous-lieutenants, lieutenants ou capitaines pour leurs débuts, mais, selon
la Qualité, d'autres se sont trouvés chefs d'escadrons, lieutenants-colonels ou colonels, qui
n'avaient jamais servi, pas même dans les guerres
civiles. Jamais tel pillage, jamais telle prodigalité
et tel gaspillage. Sous prétexte de restitutions de
biens non vendus, jamais telles aubaines : mais

pour l'édifice même, on en est resté aux velléités. On l'a menacé à la fois dans toutes ses parties, mais il fallait mettre en place quelque chose. Et quoi ? Restaurer purement et simplement l'ancien régime ? Soit ! Mais avec qui et avec quoi ? Après un quart de siècle, que reste-t-il d'un personnel de gouvernement, d'administration, de judicature, même sans l'échafaud, sans les guerres civiles, sans l'exil, sans la proscription et ses misères ? Il a fallu garder le personnel impérial qui savait conduire la machine, et qui, étant probe et convaincu du devoir professionnel, opposait à la réalisation des folies au moins une force d'inertie. Sans doute, les Emigrés se déchaînaient, mais ils dédaignaient : il ne seyait point à un gentilhomme de faire le préfet, le juge ou le publicain. Il leur fallait bien autre chose : chasser les officiers révolutionnaires pour prendre leurs emplois, rentrer dans les biens ci-devant nationaux et vendus comme tels, abolir le Code civil et le Concordat, rétablir les parlements, la dîme et les droits féodaux. Cela se dit, mais lorsqu'on passe au fait, les intérêts se soulèvent et s'insurgent. Et, à ses desseins de Contre-Révolution, le Roi rencontre comme premier adversaire le Pape — derrière le Pape, toute l'Église nationale. Pour la loi nouvelle, marchent tous les magistrats et, avec eux, avocats

et praticiens ; pour la défense des droits et des biens
acquis par la Révolution, la Chambre des députés,
même la Chambre des pairs, et la nation entière.
Jamais un tel spectacle dans l'histoire. On y voit des
peuples conquis opprimés par leurs vainqueurs,
contraints à subir leurs lois ou leurs caprices,
dépouillés par eux de leurs terres et de leurs biens,
réduits par eux à la servitude : c'est le droit de la
force ; mais, conquérir par procuration, s'établir en
maître alors qu'on est le plus faible, s'imposer à la
quasi-universalité d'un peuple au nom des principes contre lesquels ce peuple a protesté depuis
vingt ans, et ne disposer pour se soutenir en telle
posture que des moyens même que ce peuple fournit et de la menace d'une invasion nouvelle, c'est
assurément sans exemple qu'on puisse citer.

Si Napoléon, chassé de l'île d'Elbe par la pénu-
rie, les menaces d'assassinat et de déportation,
n'avait point débarqué en France, s'il n'avait point
renversé le trône des Bourbons du vent de son
approche, le premier venu, prince ou général,
l'eût fait crouler un mois ou un an plus tard. Ce
peuple est, quoi qu'on dise, le plus patient qui
soit : il pardonne l'oppression ; il tolère la dilapidation, il accepte le favoritisme ; mais rarement il
a supporté de la part d'une faction qu'elle fût à la
fois insolente et grotesque.

Au moins, à cette première apparition, les Restaurés n'inspiraient que de la pitié, du mépris et du dégoût, mais lorsque, après Waterloo, l'Étranger, de nouveau victorieux, les eût pour la seconde fois imposés à la France et que leurs vengeances s'exercèrent, tantôt par des tribunaux d'exception, tantôt par des émeutes soudoyées, tantôt par des proscriptions qu'on ne prenait pas même la peine de motiver, alors, contre ces valets de l'Europe dont Wellington et Pozzo étaient établis les tuteurs, une haine que rien ne saurait apaiser déchaîna contre eux quiconque portait un cœur patriote et leur lamentable chute n'a point apaisé la conscience nationale. Après soixante-seize ans nous souffrons de leurs fautes ; nous expions leurs crimes, et, des divisions qui nous épuisent, la plupart datent de leur règne éphémère.

*
* *

Lorsque, par un concours de circonstances fatales : par un nouveau désastre de la Patrie, par l'élimination de tous ceux qui avaient servi l'Empire, par la terreur d'une guerre prolongée, les partisans des Bourbons se trouvèrent les maîtres dans l'assemblée de 1871, ils sentirent si bien, malgré leur autorité de hasard, que la nation tout entière se révolterait contre une troisième Restauration, qu'ils n'osèrent pas l'imposer. Adoptant Talleyrand pour leur patron et leur guide, ils imaginèrent, comme celui-ci rêvait de le faire le 31 mars au matin, de concilier la Révolution et la Monarchie, de faire accepter celle-là par celle-ci moyennant que celle-ci fût bridée, celle-là châtrée, et que seuls les Royalistes parlementaires fussent préposés à gouverner l'une et à conduire l'autre. Cela s'exprimait par un symbole : le Roi revenu abrité sous les plis du drapeau tricolore, ce qui, en effet, signifiait suffisamment le reniement de l'ancien régime par le Roi et l'abdication de la Révolution par la Nation. Et à ce marché, tout le monde, hors eux, eût été dupé et déshonoré.

Le Roi, pas plus que la Nation, ne pouvait s'y tromper. Pour la Nation, le drapeau tricolore, symbole de la nationalité, a été consacré dans cette crise de nationalisme aigu que fut, par rapport à l'Étranger, la Révolution française. Ce qui détermina les Journées, ce fut la haine de l'Étranger, le soulèvement contre ceux qui pactisaient avec lui; ce qui motiva les lois révolutionnaires, ce fut la nécessité de résister à l'Étranger; ce qui justifia même la Terreur, ce fut l'obligation de prévenir les conspirations avec l'Étranger. La

Révolution, sans le manifeste de Brunswick, sans la déclaration de Pilnitz, sans « Pitt et Cobourg », sans le soulèvement de la Nation défendant son indépendance, perdrait tout son héroïsme. De 1789 à 1814, la France a lutté pour être indépendante et c'est cette indépendance qu'affirme le drapeau tricolore.

En face, pour le Roi, pour les princes de son sang, pour les royalistes véritables, le drapeau blanc, symbole de la légitimité, exprime soi seul toute la doctrine inverse. Toute nation qui tente de se soustraire à l'autorité de celui dont les ancêtres ont été institués pour la gouverner est en révolte contre Dieu même. Tout moyen est bon pour la contraindre dans les voies de Dieu. Il ne s'agit donc pas que tels ou tels vengeurs de la « bonne cause » soient étrangers, mais qu'ils soient armés pour elle et qu'ils la fassent triompher. On n'est point royaliste lorsqu'on désavoue les rois qui ont appliqué cette doctrine par leurs armes à d'autres peuples, comme ont fait Louis XIV et Louis XV ; on n'est point royaliste lorsqu'on renie les rois qui en ont provoqué l'application à la nation française de la part des autres peuples, comme ont fait Louis XVI, Louis XVIII, Charles X et, avec eux, le duc d'Angoulême et le duc de Berry. Que reste-t-il de la doctrine monarchique si, des actes des rois qui depuis trois siècles l'ont appliquée en France, les royalistes suppriment l'essentiel comme désuète et caduque?

D'une suite continue de déclarations, de guerres, de traités, s'étendant pour le moins depuis 1690 jusqu'à 1824, résulte l'exercice constant, par le souverain légitime, du droit de faire appel aux Étrangers pour se défendre contre ses sujets, et du droit d'intervenir en faveur d'un autre souverain légitime pour le rétablir dans sa pleine autorité.

C'est la doctrine que proclamèrent les Bourbons sans hésitation et sans scrupule : Bourbons de France, d'Espagne, de Naples, même de Parme; la doctrine que, sous l'impulsion et par les ordres des Bourbons de France, mirent en pratique les gentilshommes de l'Armée des Princes et de l'Armée de Condé, les soldats du camp de Jalès, de la Vendée, de la Bretagne, de la Normandie, de la Provence, les nobles de Langres, de Vesoul, de Bordeaux, de Troyes et de Paris : pourvu que les Cosaques leur rendissent les Bourbons cravatés du drapeau blanc, ils acclamaient les Cosaques. Seuls, ceux-là étaient dans la tradition et dans la doctrine légitimistes qui, en 1814 et en 1815, appelaient l'Étranger, préparaient ses voies, frémissaient de joie à ses victoires, déliraient à son entrée dans Paris et qui, dans le désastre de la

France, voyaient uniquement le triomphe du Roi.
Vis-à-vis du Roi légitime, le devoir pour le Royaliste prime tous les devoirs. Vis-à-vis de la Patrie,
le devoir, pour le Nationaliste, prime tous les
devoirs. On n'est point royaliste lorsqu'on refuse
un souverain parce que l'ennemi de la Patrie le
ramène et l'impose : on n'est point patriote lorsqu'on accepte pour souverain le Roi qui a pactisé
avec l'Étranger et qui revient dans ses fourgons.
On n'est pas tout ensemble Bleu et Blanc, nationaliste et royaliste, patriote et légitimiste : cela
serait trop commode !

Mais ils n'étaient point arrêtés pour si peu, les
délirants royalistes de l'Assemblée de 1871 : à
Bayonne, d'où étaient certains, leurs pères avaient
vu pourtant passer Monseigneur le duc d'Angoulême dans l'état-major de Wellington; dans les
Vosges, d'où venaient d'autres, on devait pourtant
se souvenir des séjours de Monsieur à Vesoul et
des stations de ses émissaires aux portes des Alliés;
ils avaient bien affaire d'histoire, ces Cléricaux
déguisés en royalistes pour atteindre un d'Orléans. Cinquante années après les plus sanglantes
applications de la doctrine légitimiste, ils avaient
si bien perdu la notion de ce qu'était cette doctrine, ils avaient subi si complètement les idées
ambiantes de la Révolution, qu'ils imaginaient

comme une chose simple de concilier et même de fondre ces deux principes adverses. Ils se disaient et ils étaient patriotes, ils l'avaient prouvé en braves gens contre les Allemands : certains avaient, en des jours mémorables, renouvelé, contre l'ennemi étranger, les prouesses des chevaliers leurs ancêtres, chargeant à la mort, tous au même rang et du même cœur. Pas un d'eux n'eût toléré la pensée que, à Versailles, dans la Galerie des glaces, le roi de Prusse, devant ses alliés confédérés, pût agréer et proclamer roi de France l'héritier de Louis XVIII et de Charles X. Pourtant Versailles ou Compiègne, n'était-ce pas pareil? empereur d'Allemagne ou de Russie semblable, et pourquoi ce qui était bon en 1814 et 1815 ne l'eût-il plus été en 1870?

Nul ne le pensait plus, pas même le Roi : nul n'admettait, pas même lui, qu'un tel retour avec l'Étranger et par sa victoire, fût possible ; et c'était au point que, de la part du prétendant, le drapeau tricolore n'était point rejeté parce qu'il était — et qu'il demeure — le symbole de la nationalité maîtresse d'elle-même et disposant d'elle-même, mais le drapeau qui, « entouré de piques dégouttantes de sang avait chassé, tué son grand-oncle. » Ainsi, il alléguait l'effet et il niait la cause, tant il avait parcouru de chemin sans s'en douter, tant il se trouvait avoir banni de sa mémoire l'ensemble des déclarations et des actes par qui son père le duc de Berry, son oncle le duc d'Angoulême, son grand-père le comte d'Artois, son grand-oncle le comte de Provence, avaient affirmé les droits du roi légitime à triompher, par tous les moyens, de la révolte des sujets ; tant la Restauration, telle qu'elle s'était faite, avait été mise, par lui-même, dans un complaisant oubli.

Et pareillement, soit par complaisance, soit par ignorance, les prétendus royalistes qui appelaient le Roi pour faire de lui « le roi légitime de la Révolution », et qui, par « l'enfant du miracle » prétendaient faire porter le drapeau tricolore, ne paraissaient pas se douter que pour lui, accepter leurs propositions, c'était le suicide. Il ne valait comme roi qu'à condition qu'il apportât intacte la tradition de la Monarchie légitime. Or, toute manifestation nationale qui a pour objet de fournir au roi légitime un droit à régner incompatible avec celui qu'il tient de la divinité est la négation même de la légitimité ; le peuple ne peut pas appeler le souverain ; s'il l'appelle, c'est qu'il est libre de disposer de soi : de l'appel par une assemblée émanée du peuple à une nomination par le peuple même, il n'y a de différence que dans la validité du mandat : celui qui accepte le mandat, — d'une assemblée ou du peuple, — reconnaît par là même qu'il est subordonné, qu'il est responsable devant l'Assemblée ou devant le peuple qu'il ne tient pas de lui-même et de sa propre essence son droit à régir. Voilà ce qu'ignoraient sans doute ces *quasi-royalistes* qui n'avaient affaire que d'une *quasi-légitimité* : voilà ce qu'ils eussent appris de Louis XVIII s'ils avaient lu la Déclaration de Saint-Ouen.

Pour rompre cet accord que le peuple de France, moins oublieux des doctrines et des actes, se fût chargé de dénoncer par sa révolte, le futur roi prit prétexte d'un symbole, faute d'oser proclamer le principe : mais le principe subsiste : nul royaliste ne peut s'y soustraire, pas plus il y a cent ans où tous l'acceptaient qu'aujourd'hui où tous le renient. C'est la raison d'être et c'est l'essence de la Légitimité et hors de là, il n'y a point de royalistes.

* *

Au surplus, ce sont là des principes et des doctrines, des phrases et du vent; quelques curieux peuvent s'exercer à en développer les conséquences et à y chercher, pour les jours de pluie, un divertissement philosophique, cela n'a rien à faire avec la pratique. Louis XVIII eût pu continuer à cultiver à Hartwell, comme il avait fait à Mittau, à Vérone, ou à Coblentz, ses théories légitimistes et il n'eût été ni plus ni moins exilé, proscrit, détrôné, si le coup de force organisé par Vanteaux, La Grange et autres avait manqué et si les souverains alliés ne lui avaient pas prêté leur complaisant appui.

En politique, les théories forment une devanture plus ou moins régalante aux yeux, dont les partis parent leur boutique, parfois avant de l'ouvrir, le plus souvent après qu'elle est ouverte, mais il leur faut d'abord le fond de magasin : et c'est l'autorité. Ce sont les hommes de main qui le fournissent, les gens sans scrupule, que presse l'ambition, que talonne la misère, qui savent leur tête en jeu s'ils ne réussissent et qui la risquent. Ils s'appellent Barras en thermidor an II, Malet en octobre 1812, Vanteaux et Maubreuil en mars 1814 ; au 10 août 1792, ils sont les anonymes de la Commune insurrectionnelle ; au 18 mars 1871, les inconnus du Comité central. Ils ont des appétits à satisfaire, des revanches à prendre, des vengeances à exercer, leur peau à défendre et, par leur audace ou par la lâcheté de leurs adversaires, ils réussissent à se mettre en leur place et, plus ou moins longtemps, ils jouissent de l'aubaine.

En fait, depuis le 10 août 1792, depuis la chute de la Monarchie traditionnelle, il n'y a plus en

France de principes, il y a des hommes ; il n'y a
plus de doctrines, il y a des individus ; il n'y a
plus des régimes qui diffèrent par leur origine,
leur formule, l'application raisonnée de telles ou
telles institutions, il y a des dictatures qui se succèdent en se renversant. Au début de chacun des
gouvernements qui ont dominé en France durant
le xixe siècle, conspiration, insurrection, coup
d'Etat, coup de force : 10 août 92, 9 Thermidor an II, 13 Vendémiaire an IV, 18 Brumaire
an VIII, 31 Mars 1814, 20 Mars et 7 Juillet 1815,
30 Juillet 1830, 24 Février 1848, 2 Décembre 1851,
4 Septembre 1870, 18 Mars 1871, ce sont les
dates d'avènement. Puis, une dictature, plus ou
moins tempérée, plus ou moins légitimée par une
consultation populaire : collective, quand une
classe ou une faction gouverne et que, sous prétexte
de parlementarisme, le maître change à chaque
ministère ; anonyme, quand un comité de Salut
public, une délégation des droites ou des gauches,
un comité des douze impose ses caprices et se rend
d'autant plus tyrannique qu'il échappe à la responsabilité ; nominative, quand l'homme qui s'est
emparé du pouvoir a du génie, une grande popu-
larité, beaucoup d'audace et la force ; enfin la pire
de toutes : l'étrangère, soit que l'ennemi triomphant, en imposant des maîtres, parle par leur

bouche et agisse par leurs mains ; soit que, s'assurant des complices qu'il entretient et qu'il paye et, par des voies qu'il sait, les guidant au pouvoir il se serve d'eux comme de valets affidés qui dévalisent et incendient la maison dont ils ont la garde.

Que si l'on envisage sous cet angle l'histoire de la France depuis cent quinze ans, ces deux faits, coup de force et dictature, s'appliquent à tous les régimes. Ceux-ci sont également légitimes ou illégitimes, comme on voudra l'entendre, mais ils sont plus ou moins probes, plus ou moins utiles, plus ou moins généreux, plus ou moins tyranniques ; ils s'accommodent plus ou moins aux goûts, aux passions, aux besoins, aux intérêts du pays ; ils offrent plus ou moins de résistance à des courants de persécution, de sottise, de vanité ; ils sont plus ou moins nationaux, c'est-à-dire qu'ils ont une compréhension majeure ou moindre de la politique traditionnelle ; ils sont plus ou moins libéraux, c'est-à-dire qu'ils gênent plus ou moins les citoyens dans l'exercice de leurs facultés, le développement de leur industrie, l'augmentation de leur fortune, qu'ils leur laissent ou non le droit de penser, de prier, d'instruire à leur guise. On loue certains en disant qu'ils ont gouverné conformément aux lois, mais, d'aucun, les lois ne sont des lois de durée, des lois ayant subi l'épreuve du temps, ayant longuement servi à régir les hommes et dont les hommes se soient bien trouvés ; ce sont des lois bâclées à la mesure, selon les besoins du moment, les passions des gouvernants, les incertitudes de la politique. Elles criminalisent un jour ce qu'elles exaltent le lendemain et leur mutabilité indéfinie affole les justiciables, réjouit les juristes, enrichit les avocats et comble leurs auteurs d'une déplorable vanité.

Il n'y a pas d'institutions politiques lorsque les lois organiques changent douze fois en un siècle et que leur durée moyenne a été de huit années ; il n'y a pas d'institutions sociales, lorsque ni l'émission solennelle et revêtue de toutes les formes, ni la durée centenaire, ni l'usage qu'en a fait la nation, ni l'habitude qu'elle en a prise, ni les bienfaits qu'elle en a retirés, ni la conformité des contrats consentis entre les nationaux et avec les étrangers, ne défendent les lois civiles contre une déclaration d'urgence, le hasard d'un amendement, le caprice d'une faction ou le bon plaisir d'un prince ; lorsque, pour les protéger des fantaisies réformatrices, ne s'érige aucun pouvoir modérateur, chargé de maintenir la tradition nationale, de déterminer les cas où les décrets méconnaissent ou contredisent les lois anciennes, d'exiger des délibérations nouvelles, de présenter des remontrances, d'exercer un veto.

Ballottée de dictature en dictature, de coup d'État en coup de main, cette nation n'a subsisté depuis un siècle qu'en s'accrochant à sept ou huit masses de granit qu'un homme incomparable avait jetées sur son sol et qui s'y étaient enfoncées si avant, s'y étaient si bien assimilées qu'elles semblaient faire corps avec lui. Vieilles d'une dizaine d'années, elles avaient résisté à l'effort de l'émigration ameutée et elles avaient seules sauvé la France, d'abord d'une contre-révolution, puis de la sanglante et terrible réaction que celle-ci eût entraînée. On les eût dites indestructibles, tant elles étaient larges par leur base, résistantes par leur matière, satisfaisantes par leur forme, tant elles étaient devenues représentatives de la France même.

Après les émigrés, chacun des partis dominants s'est employé à en arracher un morceau : il leur semblait qu'à y rapporter quelque pièce de leur travail, ils se rendaient les auteurs de l'ensemble et qu'ils en auraient la gloire. Mais c'étaient d'insignifiants ornements ou de futiles accessoires qu'ils avaient ajouté ou détruits : les masses subsistaient : le ciseau s'y était émoussé, la pioche s'y était brisée, la poudre y avait fusé. De nos temps, on a tout exprès inventé des explosifs : on fore des trous, on creuse des mines ; on fabrique des bombes : c'est un jeu où s'amusent les dictateurs. Ils allument la mèche, et ils courent se garer, assez près pour ne rien perdre du spectacle, assez loin pour ne courir aucun risque : c'est alors l'éruption d'un volcan : le même bruit, le même tremblement du sol, et, tout alentour, la pluie des débris, tuant ou blessant les êtres, détruisant les monuments, terrorisant les consciences. Et là où il y avait une masse de granit, il y a un grand trou qui fume.

Détruire pour détruire, c'est leur doctrine et c'est leur raison d'être. Produire l'Anarchie, par les procédés des anarchistes.

Ils ne s'y attendent point ; mais, devant ce trou qui fume, devant ces ruines qu'ils ont faites, devant ces morts et ces blessés qu'on emporte, le peuple s'arrête, et il regarde : il mesure l'abîme qui reste béant, car de le combler, ils n'ont eu garde ; d'abord, ils en seraient bien incapables ; puis, avec quoi ? Enfin, ce trou, c'est leur œuvre et ils ont bien le droit d'en être vains. Certains s'enorgueillissent de construire, eux de détruire : chacun depuis Erostrate fait ce qu'il peut et donne sa mesure.

Mais, par là même, de l'édifice aboli, du vide

qu'il laisse, du besoin qu'on en a, de l'impuissance
où l'on est de le remplacer, le peuple se reporte,
par une pente naturelle, vers Celui-là qui, jadis, il y
a un siècle, en détermina l'architecture, en jeta si
avant les fondations, en bâtit chaque muraille, en
érigea chaque étage, éprouvant à tout instant la
solidité des matériaux, les voulant indestructibles
— de granit et de fer; et puis, pour en conformer
mieux l'aspect extérieur au génie français, il tailla
les pilastres, il décora les façades et, de ses mains
puissantes, il modela le fronton superbe. Devant son
œuvre abolie, l'image de Napoléon apparaît plus
grande, sa mémoire plus vénérable, sa gloire plus
éclatante ; il s'ennoblit de l'imbécillité de ses
détracteurs, et vers le fantôme attristé, seul debout
au milieu des ruines, s'élève la supplication d'une
nation qui méconnaissait ses bienfaits tant qu'elle
en jouissait, qui en constate l'étendue, la réalité,
la nécessité à proportion qu'elle les perd.

Par lui, nous vivions et nous étions. Sans lui,
la France retourne, de cent quinze années en
arrière, à l'anarchie administrative, judiciaire,
financière, militaire, au décadi obligatoire, aux
guerres civiles, aux guerres religieuses, aux
guerres sociales, aux bandes de chauffeurs infes-
tant les routes, à la tyrannie vénale de comités

irresponsables, au régime de la délation et des comités de surveillance, au Directoire; — et il n'y manque même pas les théophilanthropes.

Frédéric Masson.

Au quatre-vingt-douzième anniversaire de la Restauration des Bourbons par l'Étranger victorieux.

31 mars 1906.

L'AFFAIRE MAUBREUIL

I

LES VIVRES-VIANDE

Le 30 mars 1814, durant que, sous Paris, Marmont et Mortier tentent, avec des troupes épuisées, de défendre les approches contre les coalisés dix fois plus nombreux, à Paris, deux sortes de conspirateurs appellent l'étranger et s'apprêtent à utiliser sa victoire pour leurs desseins politiques et leurs intérêts personnels.

Les uns, ce sont les politiques, les hommes en place, les diplomates qui, ayant prévu de longue date l'échec final de Napoléon, ont pris leurs précautions, se sont assuré des protecteurs parmi les souverains étrangers et comptent, avec cet appui, rechercher la solution qui ménagera le mieux leur fortune.

Ils ont envisagé, successivement et sans nul autre parti pris, tous les systèmes qui pouvaient se présenter : une régence avec Marie-Louise, l'appel au trône d'un prince étranger ou d'un prince français qui, sous l'ancien régime, n'aurait eu que des droits éventuels ; enfin, le retour des Bourbons de la branche aînée, mais sous des conditions qu'ils imposeraient et réserve faite de ce qu'ils appellent les principes de la Révolution, — c'est-à-dire de la conservation de leurs biens, de leurs titres, de leurs emplois et de leurs dignités aux hommes que la Révolution et l'Empire ont enrichis, anoblis et pourvus. Ils ont eu des conversations avec les émissaires des différents prétendants, les Bourbons comme les autres. Ils ont pesé les chances de chacun et les promesses ; mais à présent que Bordeaux s'est prononcé, ils inclinent pour les Bourbons, qui apportent, disent-ils, un principe.

Ce groupe, dont l'inspirateur et le directeur est le prince de Bénévent, vice-grand électeur, s'est recruté presque exclusivement dans le monde officiel de l'Empire, chez les courtisans et les grands fonctionnaires, avec quelques ramifications sans doute dans le monde financier. Parmi les officiels de ce temps, il y a beaucoup d'étrangers, et ce parti de l'étranger, en rapport avec la finance internationale, a joué un rôle majeur. Au premier rang est le baron Dalberg, Allemand ayant servi quantité de princes allemands, neveu du prince-primat de la Confédération du Rhin, duc et conseiller d'État français par la grâce de Napoléon, mais animé contre la France de la Révolution et contre l'Empereur de cette haine vengeresse qui unit dans cette croisade les oligarques de tous les pays.

Dalberg est le type de ces aristocrates cosmopolites qui passent de pays en pays suivant qu'on les y paye davantage ; plus habituellement militaires, mais parfois diplomates. Nul serment.ne les lie à jamais, nulle reconnaissance ne les enchaîne. Se trouvant égaux aux princes légitimes et supérieurs aux usurpateurs, ils ont de leur naissance une opinion si haute que leur maison leur tient lieu de patrie, et que les nations ne sont faites que pour servir leurs intérêts. Au couronnement des empereurs, le héraut clamait : *Ist ein Dalberg dà ?* comme s'il eût manqué quelque chose à l'auguste cérémonie si Dalberg n'y eût consenti, et c'était là pour faire pendant à la devise des Talleyrand : *Ré qué Diou.*

Le prince de Bénévent, Talleyrand, se tenait, lui aussi, si bien détaché de toute patrie, de toute monarchie, de tout service pour ne tenir qu'à lui-même, qu'il devait s'entendre à miracle avec Dalberg qui faisait avec lui le centre du monde étranger, payé par Napoléon et prêt à le vendre : Marescalchi, Brignole, Tyszkievicz, Courlande.

Talleyrand pousse plus loin dans le monde français ; il a Jaucourt, premier chambellan de Joseph. et Rémusat, premier chambellan de l'Empereur — et leurs femmes ; puis des de Pradt, aumônier de l'Empereur, des baron Louis, des comte Beugnot, des baron Pasquier, des sénateurs, des conseillers d'État, — de ceux-ci, peu, — des préfets, des chambellans ; anciens acolytes de la Fédération, collègues de la Constituante, amis d'émigration, subordonnés des Relations extérieures, tout cela vieux, calculateur, peu brave, sans action ni sur le peuple, ni sur l'armée, sans contact avec les généraux — hormis Dessoles et Nansouty — autrement que par le détour d'un Perregaux, beau-frère de Marmont.

Dalberg, de connivence avec Talleyrand, correspond avec ses amis, parents, alliés allemands pour leur révéler la faiblesse de la défense, pratique dans les ministères les chefs de service et les dispose à la trahison, expédie au quartier général des Alliés un émissaire, M. de Vitrolles, qui, de là, ira en reconnaissance près du comte d'Artois et lui proposera la Restauration dite *libérale* ; il combine comme Talleyrand ses démarches politiques sur le cours de la Bourse, car l'un spécule autant que l'autre, et, parmi les passions qui les guident, celle-là n'est ni la moins puissante, ni la moins honteuse.

Tout l'enjeu de Talleyrand et de Dalberg est sur l'intervention de l'étranger dans les affaires françaises. Jusqu'où ont-ils poussé, jusqu'à quel point se sont-ils mis d'accord avec Alexandre, à présent le Roi des rois? A Langres, Alexandre était tout à Bernadotte, lequel n'avait rien pour plaire à Talleyrand, moins encore à Dalberg; mais, depuis lors, il semble accepter les Bourbons qu'il hait pour leur hauteur, méprise pour leur lâcheté, craint pour leur duplicité. N'y a-t-il donc eu aucune action exercée sur lui, aucune communication qui lui ait été faite? En tous cas, Talleyrand se réserve de parler en temps opportun.

Pour le moment, l'essentiel, pour lui, est de ne pas suivre hors de Paris le gouvernement de la Régente. Il parvient, grâce à une comédie organisée par M. et Mme de Rémusat, sous le bon plaisir du roi Joseph, à paraître forcé de rester à Paris.

Joseph s'enfuyant vers Rambouillet, après avoir envoyé aux maréchaux l'autorisation de capituler, laisse derrière lui Talleyrand, celui-là même que l'Empereur a ordonné d'écarter par tous les moyens, de contraindre, même par la force, à suivre l'Impératrice. D'ailleurs, de la quantité de projets qu'il a agités pour le cas où la Régente devrait abandonner Paris, Napoléon n'a formellement adopté aucun. De fait, il s'est seulement arrêté, semble-t-il, à n'y laisser ni prince, ni dignitaire, ni ministre, seulement des magistrats particuliers, préfet de la Seine et préfet de Police, munis des pouvoirs nécessaires pour maintenir l'ordre et organiser les subsistances, mais impuissants pour rien promettre, décider, traiter au nom de la France.

A présent, un grand dignitaire fait figure d'y représenter l'Empire et comme ce grand dignitaire est appelé, par sa fonction impériale, à des rapports avec le Sénat et le Corps législatif, il s'est assuré d'y trouver des points d'appui pour engager la nation dans la route où, sous la protection des coalisés, il a la prétention de la conduire.

Dès l'armistice signé, Dalberg se rend à Bondy, où est l'empereur Alexandre ; il est reçu par lui, lui expose les projets convenus, réclame des garanties pour les principes et les intérêts de la Révolution », affirme que M. de Vitrolles s'est mis d'accord sur tous les points avec le comte d'Artois et, faisant appel aux sentiments « libéraux » du pupille de Laharpe, il obtient de lui la promesse d'une protection efficace, dont la meilleure preuve sera que l'empereur de Russie s'établisse chez le prince de Bénévent, à l'hôtel de l'Infantando, — car le bruit court que l'Élysée, où Alexandre comptait loger, est miné. Si ce bruit vient de

Dalberg, on doit reconnaître qu'il a profité des leçons qu'il a prises.

Dalberg n'est point seul à prêcher pour Talleyrand. Alexandre de Laborde, adjudant-commandant de la Garde nationale, l'a présenté à Nesselrode « comme l'homme le mieux au courant de l'état des esprits » ; et Nesselrode sait à quoi s'en tenir sur « l'oncle Henri », l'homme dont il transmettait à son souverain les rapports d'espionnage en même temps que ceux de Caulaincourt.

Tout va donc au mieux pour Talleyrand et, en regardant son jeu, il doit croire qu'il est maître et que, le lendemain, il aura partie gagnée. Les deux préfets, Chabrol et Pasquier, sont dans sa main ; la plupart des chefs de légion de la Garde nationale qui sont présents, — Le Pileur de Brévannes, Daniel de Graville, Aclocque, Hottinguer, Jaubert, Choiseul-Praslin, — sont ses hommes ; par eux, il aura la force, puisque l'armée a évacué Paris ; il a les banquiers, donc l'argent. Quant au peuple, il s'en passera. La transmission des pouvoirs, le trône vacant, se fera tout naturellement ; il ne les retiendra que le temps de marchander avec Louis XVIII, devant lequel il apparaîtra comme le restaurateur de la monarchie, dont il restera le premier ministre nécessaire.

* *

Il a compté sans un élément qui devait lui paraître, en effet, prodigieusement négligeable : les royalistes. Non pas ceux qu'il connaît et qu'il est habitué à rencontrer, les royalistes platoniques qui se sont accommodés d'un habit de chambellan, d'écuyer ou de préfet, qui se sont empressés pour recevoir de l'usurpateur leurs biens confisqués par la Révolution et qui, croyant avoir assez prouvé leur dévouement aux Bourbons par leur émigration, quelque campagne de parade et les misères de leur exil, n'ont eu garde de donner ensuite à la police des prétextes ou des raisons qui eussent pu troubler leur quiétude ou motiver leur défaveur. Ces royalistes-là, il les sait incapables de décision et d'action, sans moyens d'approcher les puissances, hormis qu'ils aient, parmi les ci-devant Français qui servent contre la France dans les armées européennes, des parents ou des amis ; mais cela n'ira jamais loin, puisque ce sont des sous-ordres et qu'il tient, lui, Alexandre et Nesselrode.

Mais, dans des milieux qu'il dédaigne ou qu'il ignore, s'agitent, en vue de l'entrée des Coalisés, quelques hommes qui, bien plutôt, ont le droit de

s'appeler royalistes, car depuis les débuts de la
Révolution, la plupart se battent et conspirent
contre elle. Point d'étrangers parmi eux, ni de
diplomates ; des individus obscurs, peu vertueux,
point recommandables, mais actifs, mordants et
prêts à tout, émigrés radiés, chouans amnistiés,
compagnons de Cadoudal épargnés faute de preuves,
écumeurs de grandes routes, dévaliseurs de diligences pour la bonne cause ou soi-disant, pamphlétaires en mal de brochures, faiseurs d'affaires
véreuses et, pour achever le tableau, quelques
Jacobins convertis et quelques officiers républicains en réforme.

A la tête, menant depuis six mois une obscure
intrigue dont la marche des Coalisés sur Paris est
sans doute un des résultats, certains fournisseurs
des armées impériales qui tiennent tous les fils,
restent dans la coulisse et jusqu'ici paraissent avoir
échappé à l'histoire. Des personnages d'origine
aussi médiocre, de notoriété aussi mince, d'existence aussi dispersée, auquel il est permis d'attri-
buer pourtant une influence majeure, sur les
événements les plus importants, doivent être examinés avec une attention d'autant plus soupçon-
neuse que le rôle qu'on leur attribue peut paraître
plus contestable et que, dans ces dessous mystérieux où ils s'agitent, on est davantage exposé à

les perdre, à les confondre, à prendre leurs hâbleries pour des vérités et à tomber dans le roma-
nesque, qui est, en de telles études, le pire des
mensonges.

*
* *

L'Administration des vivres de l'armée était,
en vertu d'un décret du 18 octobre 1807, placée
en régie sous la direction d'un Conseiller d'État,
le comte Maret, frère du duc de Bassano ; mais
elle n'en relevait pas moins du ministre de la
Guerre. En 1810, Clarke avait traité pour les
vivres-viande, avec trois personnages formant ou
représentant une société : MM. de Vanteaux, de
Geslin et de Coësbouc.

Le principal, Vanteaux, — Psalmet Faulte de
Vanteaux, — était alors un homme de trente-
quatre ans, né à Limoges, troisième enfant
d'un capitaine au régiment de Picardie, lequel,
émigré, après avoir fait les campagnes des Princes,
avait, comme officier dans la compagnie des vété-
rans de la Châtre, participé à l'expédition de Quiberon, y avait été blessé, puis condamné à mort et
fusillé. Quoique à peine noble ou tout récemment
anobli, — le grand-père, Pierre Faulte, seigneur
du Puy-du-Tour, avait été procureur du Roi au

bureau des finances de Limoges, — Psalmet Faulte
de Vanteaux avait été reçu, en 1789, page dans la
Maison d'Orléans ; il en était sorti, l'année suivante, sous-lieutenant dans Colonel-général-infan-
terie, et, en 1791, il avait émigré. D'abord volontaire à l'armée des Princes, puis lieutenant au
service de Hollande, dans les dragons de Bylandt,
où, à l'en croire, en une année de service, il aurait
été fait chef d'escadron ; ensuite, à Quiberon,
volontaire dans les cadres Williamson ; après, à
l'armée de Condé, dans les hussards de Damas, il
aurait, en 1798, rejoint l'armée royale de Normandie, où il prétendait avoir été colonel à l'état-
major de Frotté. Sa présence y avait passé inaperçue, car, lorsqu'une commission établit en 1814
les listes des officiers des armées royales, il obtint
seulement d'être porté sur une liste complémen-
taire, avec cette mention : « Ancien page d'Orléans,
soi-disant colonel ».

Pierre Geslin, son beau-frère, fils d'un Jean-
Claude Geslin, trésorier de France à Riom, plus
âgé, car il a quarante-cinq ans, paraît avoir couru
à peu près les mêmes aventures. Selon un certificat d'amnistie qui lui a été délivré en l'an VIII,
« il a constamment servi dans les armées vendéennes depuis leur formation jusqu'à leur défaite
au Mans et, depuis cette époque, il a constamment

habité les communes ci-devant insurgées, connues sous la dénomination de chouans ; il a été un des premiers à déterminer par son exemple, la soumission aux lois de la République ». Retiré à Riom, où Vanteaux, on ne sait par quelles circonstances, vient le rejoindre et épouse sa sœur, il se fixe, avec lui, au lieu dit de Fontanet, dans le Puy-de-Dôme, où Geslin père avait acheté quantité de biens d'église. « Ils y vivaient avec calme et donnaient l'exemple de l'économie, de l'ordre et de la paix ». A diverses reprises, ils sollicitent des passeports pour Paris, où, en mai 1806, ils demandent à transférer leur domicile. Fortement recommandés par le préfet, ils obtiennent cette faveur en juillet et, après diverses allées et venues, ils achètent, rue Saint-André-des-Arts, n° 55, « une des premières maisons de Paris », une fabrique d'huiles. Le 12 mars 1808, ils demandent à être relevés de la surveillance, « l'entreprise à laquelle ils viennent de se livrer et de consacrer leur fortune suffisant seule, disent-ils, pour justifier de leur moralité, de leur confiance et de leur parfait dévouement au gouvernement » ; ils obtiennent, le 30 septembre, la permission de circuler en France sous les formes ordinaires et, bientôt, leur surveillance est levée.

Peu après, à ce qu'il semble, Geslin prend, pour un temps, le bail de la ferme des jeux à Tirlemont ;

puis, en 1810, grâce à la protection d'un secrétaire particulier de Clarke nommé Certain, qu'ils ont mis dans leurs intérêts, Vanteaux et Geslin, par l'éviction d'un M. de Montessuy chargé de l'entreprise, sont pourvus de la fourniture des vivres-viande, d'abord pour l'armée de Catalogne, ensuite pour la France entière avec le titre de Munitionnaires généraux des vivres-viande de l'Empire. Ils y ont fait rapidement fortune, car, trois années plus tard, Vanteaux habite, rue Taitbout, n° 18, un bel hôtel entre cour et jardin; il emploie un nombreux domestique, a un train, tient table ouverte et, à la façon des grands fournisseurs, prodigue l'argent.

Dès le mois d'octobre 1813, Vanteaux et Geslin ont été, disent-ils, sollicités « par plusieurs Royalistes qui, par leur position de fortune et leur situation privée ne pouvaient offrir que leur bonne volonté d'agir, de coopérer à tout ce qu'il était urgent d'entreprendre pour hâter le retour des Princes légitimes en France ». Ils ont adhéré avec empressement à ces propositions, et ayant, pour leur service, le moyen de délivrer à leurs employés des passeports jusqu'aux extrêmes avant-postes, ils ont expédié hors de Paris des émissaires qui devaient, d'une part se mettre en rapport, dans les pays occupés par l'ennemi, avec les princes Bourbons dont on annonçait l'arrivée sur le territoire dès qu'il serait envahi, d'autre part, échauffer le zèle des Français royalistes disposés à profiter des victoires des Alliés pour renverser le gouvernement de l'Empereur.

Ces émissaires emportaient les renseignements qui pouvaient être les plus précieux pour l'ennemi : « le nombre exact des rations fournies par l'Intendance dans la capitale et dans les départements voisins », ce qui déterminait d'une façon précise l'effectif des troupes que les Alliés auraient à combattre. On ne saurait douter que MM. de Vanteaux et de Geslin avaient, de leur aveu même, la disposition d'autres documents de haute importance que leur avait procurés leur situation privilégiée, et qu'ils firent passer aux Coalisés.

Ils se trouvaient dès lors en rapports avec un M. de Semallé qu'on a dit même avoir été leur employé. M. de Semallé, ancien page de la Grande écurie, avait émigré et fait campagne à l'armée des Princes. Après un passage dans la légion de Steerenbach, au service de Hollande, il était rentré et, en l'an IV, avait pris part aux journées de Vendémiaire : depuis lors, il avait été mêlé semble-t-il, à diverses tentatives royalistes; lié avec les Le Pelletier de Morfontaine et avec les Durfort, sa belle-sœur ayant épousé M. de Comminges-

Guitaut, il touchait au monde de l'ancienne Cour et pouvait, grâce à des signes de reconnaissance que ses amis lui confieraient, entrer en rapports avec les Princes, s'il était vrai que ceux-ci fussent en France; par des moyens semblables à ceux qu'employait au même moment M. le duc Dalberg, — une bague envoyée à un affidé, — il donnerait avis « qu'un Bourbon était entré sur le sol français ».

Vanteaux et Geslin s'empressèrent d'expédier dans l'est M. de Semallé qui, parti de Paris le 5 janvier 1814, parvint, dans la nuit du 26 au 27 février, à voir le comte d'Artois à Vesoul, lui remit les états de rations envoyés par Vanteaux, états qui, portés par M. de Polignac, aide de camp du comte d'Arlois, à l'empereur Alexandre, « lui firent connaître le véritable état des forces de Napoléon et déterminèrent sa marche sur Paris avec toutes les forces réunies de la coalition ». En échange de quoi, Semallé, que le comte d'Artois ne connaissait pas la veille et qui s'était présenté de la part de Vanteaux que le Prince ne connaissait pas davantage, reçut de lui un billet, daté de Vesoul le 5 mars et ainsi conçu : « Ceux qui verront le présent billet peuvent et doivent prendre une entière confiance dans ce que M. de Semallé leur dira de ma part ». C'étaient là les pouvoirs qui allaient permettre à Vanteaux de s'improviser le maître de Paris.

Semallé rentra à Paris le 16 mars. Durant son voyage, Vanteaux et Geslin n'avaient pas perdu leur temps. « Ils avaient organisé dans Paris des réunions, des comités d'individus bien franchement dévoués. » Ils avaient constitué une caisse censée royale, dans laquelle, de leurs seuls deniers, ils avaient versé une somme de 300.000 francs « nécessaire pour la conduite de cette noble entreprise » ; ils recevaient par les agents des vivres, recrutés parmi leurs amis politiques et dont la correspondance était couverte par l'apparence des besoins du service, les renseignements les plus circonstanciés sur les progrès de l'ennemi. « Ils avaient fait de leur maison, rue Taitbout, le rendez-vous général des royalistes » et, Semallé revenu, ils se croyaient assez forts pour se compromettre. Le 24 mars au soir, ils plaçaient dans leurs salons les portraits du Prétendant et du comte d'Artois surmontés du drapeau blanc ; ils ouvraient des registres à leurs risques et périls et, « dans ce livre de la fidélité et du dévouement s'inscrivaient, à les en croire, des milliers de royalistes ».

Des milliers est sans doute beaucoup dire. Une liste a été publiée qui comprend soixante-neuf noms. On dit, il est vrai, que ces soixante-neuf conspirateurs se réunissaient, non chez Vanteaux, mais chez un nommé Lemercier, habitant, 36, rue de l'Échiquier, banquier dont les affaires avaient mal tourné et qui s'était fait homme de lettres. Mais les hommes qu'on sait avoir fréquenté chez Vanteaux se retrouvent chez Lemercier; les deux comités, selon toute vraisemblance, n'en faisaient qu'un; peut-être, cependant, certains éléments chez Vanteaux étaient-ils un peu plus relevés. Ainsi avait-il recruté, pour la montre, le marquis de Montmorency et le duc de Fitz-James.

D'ailleurs, Vanteaux était à lui seul son comité. Il avait installé des presses d'où sortaient des proclamations royalistes que répandaient des agents bénévoles, tels que les deux frères Nieuwerkerque, le comte de Loris, le baron de Maistre, M. Sosthène de la Rochefoucauld, Mmes de Quinsonnas, Eugène de Montesquiou et du Cayla; mais ce beau monde n'était point affilié et ignorait d'où venaient les affiches. Vanteaux avait pris des mesures pour empêcher les soldats isolés, en si grand nombre à Paris — la correspondance de l'Empereur l'atteste à chaque page — de rejoindre leur corps : « Il les faisait loger et nourrir et leur fournissait une solde ». Enfin, il continuait à tenir l'ennemi au courant de tout ce qu'on tentait pour la défense. « Il avait, dit-il lui-même, des communications secrètes avec plusieurs chefs des armées alliées et il avait appris d'eux qu'il était très important que la capitale de la France surtout se prononçât pour les Bourbons ».

*
* *

Quel rôle jouèrent ces hommes dans la bataille sous Paris ? On est en droit de penser que certains, entre autres le comte Arnaud de Saint-Sauveur, servirent de guides aux Alliés. Pour celui-ci du moins, que la Restauration fit commandant à La Rochelle et maréchal de camp, le doute n'est pas permis. Le prince Wolkonsky a attesté officiellement que le comte Arnaud de Saint-Sauveur a indiqué aux Russes le moyen de prendre d'assaut Montmartre et les Buttes-Chaumont [1]. De même le comte de Douhet aurait été trouver M. de Langeron, dont la division avait pris Montmartre, pour lui porter des nouvelles.

Toutefois, ce n'était pas pour la bataille que s'étaient préparés la plupart des royalistes de Paris.

---

[1] Le colonel comte Arnaud Saint-Sauveur paraît avoir voulu jouer le même rôle à la seconde Restauration et avoir organisé dans Paris un corps franc qui devait tendre la main aux Alliés. Ce corps franc est-il le même qui fut réellement levé par M. de Champeaux sous prétexte de prendre part à la défense nationale et avec le but réel de renverser l'Empereur ? La lettre de Saint-Sauveur est publiée *Nozze Lumbroso-Besso*, Rome. 1897. Les lettres de Champeaux sont inédites.

Ils laissaient à leurs alliés le soin de vaincre et se
réservaient de profiter de la victoire. Ils consti-
tuaient sans doute, par rapport à la population parisienne, une minorité infime. Le groupe Vanteaux
ou Lemercier, le mieux organisé et le plus capable
d'action, se composait à peine d'une centaine d'individus ; un autre groupe, celui où se rencontraient
MM. de Durfort, de Damas, de Chastellux, de
Boisgelin, d'Avaray, et M. Mathieu de Montmorency, n'était nullement disposé à descendre dans
la rue ; il escomptait ses négociations, avait envoyé
un émissaire à Bernadotte par lequel il s'attendait
à rétablir les Bourbons — ce qui montre comme il
était renseigné — et suivait les directions d'un
autre fondé de pouvoirs de Monsieur, M. Eugène
de Chabannes.

Un troisième groupe, celui de M. Sosthène de la
Rochefoucauld, où figuraient à présent, en plus
des afficheurs du début, le comte d'Harcourt, le
vicomte Talon, le comte de Fressard, le duc de Luxembourg, le duc de Crussol, le duc de Doudeau-
ville, la comtesse de Périgord — et même un
bourgeois M. Valeri — était plus capable d'entrer
en mouvement, mais à condition que l'impulsion
fût déjà donnée. Les relations de ces deux derniers
groupes avec le premier restent problématiques.
Peut-être, par certains intermédiaires, échangeait-

on des banalités, mais il n'y avait assurément ni fusion, ni mot d'ordre, ni plan d'action commune.

En réalité, c'était sur le comité Vanteaux que tout reposait, mais la préparation avait été savante. M. de Semallé et ses amis s'étaient assurés la neutralité ou la complicité des pouvoirs publics.

Dès le 29 mars, ils avaient pratiqué tous « les chefs des corporations » : présidents des tribunaux, syndic des agents de change, bâtonnier des avocats, présidents des chambres d'avoués ; ils s'étaient assurés du vice-président du Conseil municipal ; ils avaient fait parler au préfet de la Seine, M. de Chabrol, et au préfet de police, M. Pasquier. Ils avaient à eux « plusieurs curés qui les aidèrent puissamment de leur concours », et ils ont nommé, parmi les chefs des légions de la Garde nationale qui leur étaient acquis, MM. de Fraguier, de Brévannes et de Murinais.

Dans ces conditions, le coup à risquer, le 31 mars, lors de l'entrée des souverains alliés, présentait le minimum de dangers, avec le maximum de chances de succès. La bande qui l'exécuta, — sortie de chez Vanteaux ou de chez Lemercier, prête-nom de Vanteaux, peu importe, — se proposait d'entraîner et de compromettre la bourgeoisie parisienne dans une manifestation royaliste, de faire croire aux souverains alliés qu'il existait à Paris

un parti bourbonien déterminé, de forcer les uns
par les autres et les autres par les uns, de façon
que les bourgeois comme les souverains se trou-
vassent les dupes du coup monté rue Taitbout et
que le rétablissement des Bourbons sur le trône
en fût la conséquence immédiate.

Il n'y avait à ce moment d'autorités constituées
que celles émanant de l'Empereur vaincu. Si ces
dépositaires de l'autorité impériale se rendaient les
complices du comité Vanteaux, c'était, pour les souverains, la carte forcée. Alexandre avait déclaré à
tout venant qu'il laisserait les Français libres de
choisir le gouvernement qu'ils souhaiteraient :
Paris s'étant prononcé pour les Bourbons, il ren-
drait la France aux Bourbons.

Ainsi, du même coup, Vanteaux anéantirait la
régence impériale à laquelle nombre de gouvernants pensaient encore ; il déjouerait les mar-
chandages de garanties constitutionnelles que les
Jacobins nantis prétendaient imposer aux Bourbons, comme les combinaisons ingénieuses du
prince de Bénévent. Celui-ci est la bête noire.
Quiconque a chouanné a l'horreur de l'évêque
apostat, du prêtre marié, l'horreur de l'assassin
du duc d'Enghien, du geôlier de Ferdinand VII.
Talleyrand, avec ses attaches louches avec l'étranger, avec sa prétention, dès lors soupçonnée, de

s'établir en restaurateur des Bourbons réconciliés avec la Révolution, incarne tout ce qu'ils haïssent et méprisent davantage. Serait-ce la peine qu'ils aient combattu, souffert, conspiré depuis vingt ans, pour que le Roi ne leur apporte pas la contre-révolution, et, par elle, la fortune, les honneurs, les places, qu'il laisse les révolutionnaires jouir de ce qui a été pris aux royalistes ? Pensant ainsi. ils sont dans la logique de leurs opinions et de leurs appétits, et ces inconnus s'érigent en adversaires redoutables pour le prince de Bénévent. Car le prince de Bénévent n'est rien encore que le vice-grand électeur nommé par Napoléon, et cette dignité ne lui donne aucun droit, aucune autorité, aucun pouvoir. Ils tentent enfin, dans des circonstances favorables, le coup de main que Malet a manqué, deux années auparavant.

Ils ont la chance. Dans la nuit du 30 mars, Morin, l'un d'eux, ancien combattant du siège de Lyon, puis accusateur public à l'armée d'Italie, puis, à l'en croire, secrétaire et inspirateur de Masséna en Helvétie et à Gênes, mais à présent à la recherche d'une position, et engagé, dans la bande comme bien d'autres besoigneux, fait composer chez les frères Michaud une proclamation aux habitants de Paris rédigée par le comité Vanteaux et où on lit de ces phrases : « Rendez grâces à la Providence ! Adressez ensuite d'éclatants témoignages de votre reconnaissance aux illustres monarques et à leurs braves armées si lâchement calomniées... Qu'un sentiment étouffé depuis tant d'années s'échappe avec les cris mille fois répétés de *Vive le Roi ! Vive Louis XVIII ! Vivent nos généraux libérateurs !* »

Morin, qui a recruté, chez les gentilshommes et les dames du faubourg Saint-Germain, des équipes d'afficheurs volontaires, peut, dans la nuit, livrer les proclamations « qui sont affichées avant le jour dans tout Paris ».

A six heures du matin, il retrouve, près de l'Hôtel de Ville, un certain Desfieux-Beaujeu, se disant marquis de La Grange, auquel il a donné rendez-vous. C'est encore un émigré qui, à l'en croire, fit en 1791 partie du cantonnement d'Ath, puis devint adjudant-major dans la légion Breuilpont, puis passa capitaine au régiment des hussards de Hompesch qu'il aurait quitté en 1795 comme chef d'escadron. On prétend qu'il a servi en Vendée où il aurait été colonel ; lui-même ne s'en targue pas. On dit encore qu'il a été commandant divisionnaire dans les départements de l'Eure et des Ardennes pour Louis XVIII, qu'il fut poursuivi dans l'affaire de Georges et condamné diverses fois pour des délits politiques ; il n'en fait pas davantage mention dans les états de services qu'il se donne : Jérôme-Hippolyte-Paul Desfieux de Beaujeu, marquis de La Grange, est un homme réservé. Il aime les titres sans doute, et il s'en pare, mais il préfère qu'on ne lui demande pas d'où il les tient. Jamais il ne consentira à fournir la moindre preuve de son illustre naissance. Il en serait quelque peu embarrassé, car si l'on fouillait dans les procès-verbaux de la section de l'Unité, l'on y trouverait le désaveu signé de sa main. En Ventôse an II, un individu ivre, qui faisait tapage, fut arrêté et mené à la section. Ses camarades l'appelaient *le marquis* et l'on crut avoir mis la main sur un aristocrate de marque : Le Lièvre, marquis de La Grange, mais il en fallut rabattre, lorsque l'individu prouva qu'on ne l'appelait *le marquis* que parce qu'il avait été attaché à un marquis dont il donna l'adresse : boulevard Montmartre. C'était bien celle du marquis de La Grange qui avait été arrêté le 12 frimaire an II. Selon toute probabilité, l'*Individu* ne s'est pas contenté de s'affubler du titre de son maître, il a pris son nom ; mais à bon droit préfère-t-il qu'on ne remonte pas aux sources. De même fera-t-il le silence sur les diverses condamnations qu'il a subies pour fait d'escroquerie et de rébellion, sous le nom de Lagrange, ou Lagrange-Desfieux, ou

Delagrange, notamment le 8 août 1811. Tous les Coignard ne sont pas rentrés au bagne, tous les comtes de Sainte-Hélène n'ont pas été déconcertés. La monarchie restaurée se plut à faire le silence sur ses restaurateurs [1].

Du moins, le Lagrange est-il homme d'action et de ressource.

[1] Il semble résulter, d'une note insérée dans l'édition de Bruxelles (1839) des *Anecdotes de l'Empire et de la Restauration* par Musnier-Desclozeaux, que l'on avait acquis la certitude que le *Marquis de La Grange* « était un ancien domestique de Grenoble, dont le maître était mort dans l'émigration ; il s'était emparé de ses papiers et avait pris part comme colonel à la guerre de la Vendée. M. Decazes, après les événements de 1814 et 1815, a acquis la certitude de ce fait, mais l'individu avait rendu tant de services et savait tant de choses qu'on renonça à le poursuivre ; il avait été arrêté, on le remit en liberté, mais il n'eut jamais la pension du grade qu'il s'était attribué, pension qui était accordée alors à tous les chefs vendéens ». Il y a là du vrai et du faux, et les pièces du dossier permettent d'en faire le partage.

Malgré les services qu'il avait rendus au 31 mars, La Grange ne fut pas, sur le moment, confirmé dans le grade de colonel, mais il reçut la décoration de Saint-Louis, et il fut présenté comme candidat, par le directeur général de la Police, pour la place de colonel de la Gendarmerie de la Seine. Cette présentation n'eut pas de suites, mais le ministre de la Guerre, Soult, déclara « qu'il ne connaissait personne qui eût rendu de plus grands services que lui, qu'il ne le nommerait pas à ce poste parce qu'il avait trop d'ennemis dans Paris, mais qu'il lui donnerait un commandement dans un département ».

Lagrange, à défaut de cette grande place qu'il avait été sur le point d'obtenir, se fut contenté d'être nommé major dans la Garde Royale, mais là encore les bruits qui couraient sur lui, lui faisaient tort. Il s'en plaignait ouvertement en termes d'une extrême violence et s'indignait contre l'injustice des courtisans. « J'ai été trouver Fitz-James, disait-il ; je lui ai dit que je donnerais des coups de bâton à ceux qui me calomnient et, en m'adressant à lui-même, je lui ai dit, en propres termes, que je le croyais

Le matin du 31 mars, accompagné de Morin et
d'un ex-officier de la garde consulaire, il pénètre

de ce nombre et que je finirais par plonger mon épée dans le
cœur des hommes qui s'expriment mal sur mon compte. » Pareilles
menaces au duc d'Aumont : cela n'était pas pour le mettre bien
en cour. La première Restauration le traita donc assez mal.

Le 14 mars 1815, recommandé par le prince de Poix au comte
de Vioménil et par celui-ci au ministre de la Guerre, il fut envoyé
dans le département de l'Aisne par ordre ministériel, en qualité
de colonel provisoire, pour « lever et organiser les hommes de
bonne volonté qu'il trouverait pour marcher contre Bonaparte ».
Il passa en Belgique et fut un des ornements de la cour de Gand.
Il reçut alors la demi-solde jusqu'au 30 mai 1816. Mais, à ce moment, des soupçons naquirent, probablement du fait que l'individu se refusait à fournir aucune pièce prouvant son identité.
Le chancelier Dambray, en accusant réception, le 30 septembre
1816, de l'envoi fait par le ministre de la Guerre « des pièces relatives au nommé Paul-Jérome Dufieu, intrigant de profession, qui
a longtemps, dit-il, trompé la société et est même parvenu à sur-
prendre le gouvernement au moyen de titres et de qualifications
usurpées », lui annonça qu'il transmettait « ces pièces au Procureur général en la Cour royale de Paris avec ordre de diriger des
poursuites conformément à la loi ». La Grange avait pris aussitôt
la fuite et s'était terré ; mais, croyant l'affaire enterrée, il fit la
faute de revenir à Paris en 1817. Il fut arrêté en février 1817, rue
Saint-Martin, n° 104, passage de la Réunion, n° 8, chez un nommé
Bosson. Mais, comme le dit Musnier-Desclozeaux, on eut, en haut
lieu, peur d'un procès et on étouffa les poursuites : voici les
attendus de l'ordonnance de non-lieu rendue en Chambre du
conseil, ils sont savoureux : « Attendu que, si le prévenu ne justifie pas de ses titres et qualités, s'il ne représente pas aujour-
d'hui l'acte de naissance dont il paraîtrait avoir excipé devant
l'autorité administrative, le refus qu'il fait de le produire n'est
pas suffisant pour constituer un corps de délit et justifier des
poursuites ; attendu qu'il n'appartient pas aux tribunaux de révoquer le brevet accordé par Sa Majesté au prévenu ni d'y rien
changer et que ce brevet, tant qu'il existera, ne permet pas de
poursuivre le prévenu pour s'être attribué les qualités et grades
sous lesquels il a été signé », ordonne la mise en liberté. Cette
ordonnance est du 8 mai 1817. La Grange se tint quelque temps
tranquille ; puis, en 1820, il sollicita et obtint de ceux qui avaient

dans la cour de l'Hôtel de Ville et paraît vouloir
s'introduire dans le cabinet du préfet absent. A ce
moment, arrivait le général de Plotho, chef d'état-
major de l'armée prussienne, qui, escorté d'un
détachement de troupes alliées, venait s'entendre
avec le préfet de la Seine pour les logements militaires.

Plotho avait avec lui son aide de camp, le comte
de Goltz, que, par un heureux hasard, La Grange
avait connu à Dusseldorf. Il se présente hardi-
ment, se donne pour le préfet, fait signe à la voiture de M. de Chabrol qui attendait, y monte avec
le général de Plotho, y fait monter le chef de la division des logements militaires, ordonne qu'on passe
par la rue de l'Echiquier, y recrute des auxiliaires
portant des paniers de cocardes blanches, et, distribuant ces cocardes, les imposant au besoin,
mène le général de mairie en mairie, à travers les

été mêlés à l'affaire du trésor : Dudon, le général Janin, La
Bouillerie et Charlet, des attestations au sujet de sa conduite. A
la suite d'une enquête dirigée sur ce seul point par le ministre
de la Guerre, il fut, le 15 février 1821, confirmé dans le grade de
colonel à prendre rang du 15 mars 1815. Le 9 mai suivant, il fut
admis au traitement de réforme. Mais il paraît qu'il ne le toucha
pas. Le 12 mai 1843, il s'adressait au maréchal Soult, alors ministre de la Guerre de Louis-Philippe, pour demander un traitement de retraite qui mît sa vieillesse à l'abri du besoin. Il était
sans doute fort pauvre et habitait alors rue de la Goutte-d'Or, à
la Chapelle. Ses pétitions étaient apostillées par M. Vatout, conseiller d'Etat, membre de la Chambre des députés, — le Vatout
qui passait pour le frère de Louis-Philippe.

boulevards, le Louvre, les quais, le faubourg Saint-Germain et le faubourg Saint-Honoré, proclamant partout les Bourbons, sous la protection de l'escorte prussienne, avec la complicité, peut-être inconsciente, du général prussien.

Quand il a fini sa tournée, il présente Morin au général Sacken, qui vient d'être institué gouverneur de Paris, et Sacken nomme sur l'heure Morin censeur des journaux.

Lui-même reste auprès de Sacken comme délégué du comité Vanteaux, dont il apporte cette lettre de créance :

« En vertu des pouvoirs qui nous ont été donnés par Son Altesse Royale Monseigneur Charles-Philippe de France, Monsieur, comte d'Artois, lieutenant général du Royaume ;

« Nous chargeons Paul-Jérôme-Hippolyte Desfieux-Beaujeu de La Grange, ancien officier supérieur et commandant divisionnaire dans les départements de l'Eure et des Ardennes pour Louis XVIII, de rester auprès de S. Exc. M. le Baron Sacken, gouverneur de la ville de Paris, pour réclamer son intervention toute-puissante pour le service de S. M. Louis XVIII.

« M. de La Grange sera également chargé auprès de S. Exc. M. le baron Sacken de protéger les ré-

clamations et les demandes des sujets de S. M.
Louis XVIII.

« M. de La Grange sera tenu en outre de donner à
M. de Sacken tous les renseignements généraux et
particuliers utiles dans les circonstances majeures
où l'on se trouve.

« Enfin, M. de La Grange est mis aux ordres de
M. de Sacken pour toutes les choses où il voudra
bien l'employer.

Signé : DE SEMALLÉ

Ancien page de Louis XVI, fondé de pouvoirs
de Son Altesse Royale Monsieur, Lieutenant
Général du Royaume, datés de Vesoul, le
5 mars 1814.

Le général baron Sacken était en bonnes mains :
avec un tel guide, il ne risquait point de s'égarer
dans les galeries du Palais-Royal, — et le comité
Vanteaux-Semallé se trouvait en fait le maître de
Paris.

A côté du général Sacken, gouverneur, l'empereur de Russie avait nommé pour commandant
de Paris le général russe comte de Rochechouart.
Vanteaux et ses amis n'avaient rien à craindre
de cet émigré qui, la veille, à Belleville, avec
Armand de Polignac et d'autres Français au
service russe, Montpezat et Rapatel, « distribuait

le plus possible la proclamation du Roi datée
d'Hartwell ».

Il faisait bon pour les membres du comité Vanteaux-Lemercier d'être protégés par les Prussiens
ou les Russes, car, dans les rues de Paris où rien
n'avait pu être concerté, l'opinion se prononçait
nettement contre eux. Ils étaient conduits au
poste « au milieu des témoignages violents de
l'improbation des gardes nationaux et des vocifé-
rations du peuple ». Mais, sur les boulevards, depuis la porte Saint-Denis jusqu'à la place de la
Concorde et même jusqu'à l'Elysée, c'est-à-dire sur
le parcours que devaient suivre les souverains
alliés entrant triomphalement dans Paris, là où ils
avaient concentré leurs efforts en payant des
aboyeurs, leur bande se recrutait, elle se multi-
pliait, elle donnait l'impression d'être une foule,
puisqu'elle ne quittait pas l'état-major ennemi
qu'elle acclamait en marchant. Des recrues ines-
pérées arrivaient : M. de la Rochefoucauld et ses
amis se portaient à cheval au-devant des souverains et leur faisaient cortège. Des femmes, réunies en grand nombre avec leurs enfants dans une
maison située boulevard de la Madeleine et appartenant à M. le comte de Pourtalès, réclamaient
Louis XVIII avec des cris si animés que l'empe-

reur Alexandre envoya un aide de camp s'informer de ce qu'on voulait de lui. « Une autre femme, la comtesse de Périgord, ne craignit pas, pour mieux faire entendre ses cris de fidélité, de monter sur la croupe d'un cheval ». C'est M. de La Rochefoucauld qui en témoigne. Il omet de dire que ce cheval avait un cavalier, et que ce cavalier était un Cosaque.

Comme on a conservé les noms de ces royalistes *bien nés* qui, de la porte Saint-Martin à la place de la Concorde se signalèrent par leur enthousiasme, comme des listes en ont été données que les intéressés n'ont pas manqué de compléter, que ces listes concordent et permettent un contrôle, on doit croire qu'en totalité ils n'étaient guère plus de quarante ; Morin a donc pu écrire plus tard : « La noblesse ne contribua en rien ou presque rien à la manifestation des sentiments généreux de l'autre partie de la population ». Cette autre partie de la population, c'étaient les hommes du comité Vanteaux.

Au milieu de ce débordement d'enthousiasme factice, qui contrastait d'une manière si tranchée avec l'attitude humiliée et contrainte d'un peuple stupéfait de sa défaite, sentant confusément qu'il avait été trahi et en acquérant, par ces acclamations mêmes qui révoltaient son patriotisme, une preuve irréfutable, un cavalier, jeune encore, beau et bien mis, renchérissait par son exubérance. Attachés à la queue de son cheval, traînaient un ruban rouge et une croix de la Légion d'honneur. Distribuant l'argent à pleines mains pour faire crier : *Vive le Roi! Vivent les Alliés!* il s'était, à la rue Napoléon, détaché du cortège et avait entraîné vers la colonne de la Grande Armée la bande de voyous dont il s'était improvisé le chef, et il prétendait jeter bas la statue de l'Empereur. Il avait des émules : **M.** Sosthène de La Rochefoucauld, à la tête d'une autre bande, recrutée de même, arriva de son côté et fit attacher des cordes à la statue pour la renverser. C'était pour démontrer à l'empereur Alexandre que la France ne voulait plus de Napoléon.

Il paraît qu'il y réussit. A la suite de cette manifestation dont l'homme à la croix dans la boue avait eu l'initiative, les souverains accueillirent le vœu de la nation française « et déclarèrent qu'ils ne traiteraient plus avec Napoléon ni avec aucun membre de sa famille ». Morin fit immédiatement imprimer par Michaud cette déclaration qu'affichèrent ses complices, et, maître des journaux, de par le général Sacken, il leur imposa des rédacteurs de son choix, fit célébrer l'entrée des Alliés comme le triomphe des Bourbons et acheva de rendre le mouvement national en lui donnant l'approbation unanime de la presse.

Le résultat qu'avec de si médiocres moyens avait obtenu cette bande d'individus, inconnus la veille et retombés le lendemain dans l'obscurité, était immense, — tel qu'eût été, sans Mme Hulin et sans Doucet, le succès de Malet, — mais il eût été plus grand encore et décisif, il eût pu enlever la restauration des Bourbons immédiate et sans conditions, le retour pur et simple de l'ancien régime avec toutes ses conséquences, soit pour les hommes, soit pour les principes, s'ils avaient eu à mettre en avant quelque personnage considérable, qui eût tenu de grands emplois et qui fût personnellement connu de l'empereur Alexandre. Celui-ci n'avait à Paris que trois hommes avec qui il pût causer : Caulaincourt, qui *paraissait* à présent défendre les intérêts de Napoléon ; Lauriston, qui lui avait toujours été médiocrement agréable, et Talleyrand, qui, depuis 1808, était son agent, avec qui, en cette occasion, il avait lié partie, qu'il se croyait obligé à soutenir et qui seul lui présentait d'ailleurs, grâce à son titre de vice-grand électeur, un semblant de puissance légale. Par le mouvement fomenté par le comité Vanteaux, Talleyrand était déconcerté : sa combinaison de marchandage s'écroulait. Le roi des *Blancs* proclamé à Paris n'avait plus besoin de traiter avec les Tricolores. Il leur poserait ses conditions ; eux, n'auraient qu'à se soumettre. C'est ce qu'avaient admirablement compris Vanteaux et compagnie.

Leur haine contre Talleyrand les avait inspirés, leur avait suggéré le seul moyen de déchirer cette trame patiemment ourdie, de dissiper cette intrigue dont le prince de Bénévent, tapi derrière une fenêtre de l'hôtel de l'Infantado, attendait patiemment le succès. La question du retour des Bourbons était réglée : Paris s'était prononcé. Restait à savoir si Talleyrand accepterait sa défaite ou si, au contraire, grâce à l'empereur Alexandre, dont, comme il l'a écrit, « il avait depuis beaucoup d'années soigné la confiance », il ne tenterait pas sa revanche. Cette déclaration, qu'Alexandre croyait opportun de faire, qu'il ne traiterait plus avec Napoléon Bonaparte ni aucun de sa famille, Talleyrand la compléta et essaya de la tourner à son avantage, en y insérant un paragraphe « invitant le Sénat à désigner un Gouvernement provisoire, qui puisse pourvoir aux besoins de l'administration et préparer la Constitution qui conviendra au peuple français. » Et « les souverains alliés reconnaîtront et garantiront la Constitution que la nation française se donnera ».

Dès lors, Talleyrand, par ce biais, revint à son

plan primitif, comme si rien ne s'était passé dans les rues : convoquer, en sa qualité de vice-grand électeur, les sénateurs présents à Paris pour leur communiquer les intentions de l'empereur Alexandre ; faire nommer par eux un simulacre de gouvernement où il n'eût ni une opposition à craindre, ni une résistance à vaincre, qui, derrière lui, ne fût composé que de comparses, mais qui, par son épithète, en imposât aux souverains, qui ralliât les fonctionnaires impériaux et obtint l'adhésion des chefs de l'armée ; prononcer la déchéance de Napoléon, se donner des airs d'offrir leur trône aux Bourbons, en leur imposant, sous prétexte de constitution, les garanties réclamées par les dirigeants impériaux pour leur vie, leur sûreté, leurs biens, leurs emplois, leurs titres et leurs dignités : combinaison logique, qui la veille avait toutes chances d'aboutir, mais qui à présent se trouvait surannée.

Si habile fût-il et si avisé, Talleyrand, par le fait du coup d'Etat Vanteaux, allait se trouver entraîné bien plus vite qu'il n'eût voulu, bien plus tôt qu'il n'eût pensé, à subir, sans condition, d'abord la lieutenance générale de Monsieur, frère du roi, puis la Charte *octroyée*. Celle-ci ne serait pas à la vérité l'ancien régime, mais elle serait moins encore la Constitution qu'aurait préparée le Sénat.

5.

**
* *

Le soir de cette journée mémorable du 31 mars à laquelle, comme dit Morin, « la noblesse n'avait contribué en rien ou presque rien », une réunion de royalistes eut lieu, faubourg Saint-Honoré, chez M. Le Pelletier de Morfontaine et là, comme la bataille était gagnée, les gens de noblesse affluèrent. Il y vint — et on y admit — les membres du comité Vanteaux-Lemercier dont on avait encore trop besoin pour les écarter, et, entre autres, M. de Semallé et l'homme à la croix d'honneur. Vanteaux, venant trouver Semallé, le lui montra au moment où, retiré dans un coin de l'appartement avec Geslin, il lui parlait avec animation. C'était, lui dit-il, l'homme qu'il lui avait signalé et qu'il craignait de rencontrer, car il avait reçu de lui une fois des coups de fouet, une autre, des coups de poing : un M. de Maubreuil, gentilhomme breton, très mauvais sujet et capable de tout.

Semallé savait déjà quel était l'homme, puisque, pressé par Vanteaux, il s'était, en qualité de « fondé de pouvoir de Monsieur », présenté chez Maubreuil sans le trouver « pour assoupir son affaire ou la remettre à un autre temps ». Il vint donc à Maubreuil et lui dit que, professant la même opinion et portant le même signe de ralliement, il espérait qu'il oublierait les motifs qui l'avaient rendu ennemi de M. de Vanteaux, qu'on avait besoin de tous les amis du Roi et que, dans un aussi beau jour, tout devait être oublié ou remis à un autre temps. Maubreuil répondit à Semallé qu'il avait prévenu ses désirs et qu'il venait de dire à M. de Geslin que tout était oublié.

* *
*

Ce Maubreuil, qui se nommait en réalité Marie-Armand de Guerry, tenait à une famille parlementaire, poitevine et bretonne, maintenue en noblesse en 1667 et en 1715, qui a fourni en 1680 un page à la grande écurie, mais qui n'a jamais obtenu d'érection de titre. Peu importe. Ils étaient assurément bons gentilshommes, avaient possédé les seigneuries de la Goupillière, du Plessis-Chastière, de la Pinnetière et de Beauregard et s'étaient alliés aux Juchault de Lamoricière, aux Tryon-Montalembert, aux Cornulier, aux Duchaffault, aux Rousseau de Saint-Aignan, aux Destrées de Monceaux, aux Chevigné, aux Marmande, aux Mornac, aux Sesmaisons, aux Goulaine, aux La Bassetière, aux Suzannet, aux La Ferronnays. Le père de Marie-Armand, Jacques-Louis-Marie de Guerry, seigneur de Beauregard, qualifié chef de bataillon aux gardes de Monsieur, s'était marié deux fois : en 1783, à Marie-Bonne-Félicité Ménardeau, fille de Bonaventure Ménardeau, seigneur de Maubreuil, dont il avait eu ce fils, et, le 28 novembre 1790, à Constance-Henriette-Louise Duvergier de le Rochejaquelein, la sœur de Henri, de Louis et d'Auguste de la Rochejaquelein et de Mmes de Beaucorps et de Rieux-Songy. Par là, il se fût trouvé au fort du feu s'il était resté en Vendée, mais il émigra, emmenant son fils.

Cet enfant, rappelé par sa grand'mère Ménardeau et par son grand-oncle, Armand de Bourrigan, eut, paraît-il, d'étranges aventures en rentrant en France, mais il y retrouva intacte la fortune considérable de sa famille maternelle. On assure que Marie-Armand aurait, à quinze ans à peine, figuré dans la troisième guerre de Vendée, servant d'abord à la division de Machecoul, sous son cousin Louis de Cornulier, puis à l'armée de Châtillon, dans l'escorte ou compagnie des guides du colonel comte de Montardat. Tout est possible. En tout cas, il était resté lié intimement avec ce Danès de Montardat qui, plus jeune qu'elle d'une trentaine d'années, avait épousé cette Marie-Euphémie Tascher de la Pagerie, ci-devant femme Renaudin,

ci-devant marquise de Beauharnais, celle-là qui,
en tirant des Iles sa nièce Joséphine pour la
marier au fils de son amant, avait préparé l'étonnante fortune de l'Impératrice[1]. Chez ce Danès de
Montardat, devenu, le 18 mai 1813, maire de
Saint-Germain-en-Laye, Maubreuil était assuré
de trouver une protection efficace, qui prouvait
ou une amitié bien étroite ou d'anciennes complicités.

Après la pacification, Marie-Armand passe
quelque temps auprès de Mme Ménardeau et
de son grand-oncle Bourrigan, — celui-là qu'il
appelle le marquis d'Orvault et dont il dira avoir
hérité le titre. Comme il fait des folies à Nantes,
il est envoyé à Paris à la pension Lemoine; ses
grands-parents morts, il rentre à Nantes. Il est
beau, riche, élégant, hâbleur, il jette l'argent par
les fenêtres, mais il n'en fait point tomber sur son
père qui, revenu ruiné d'émigration, en demande,
puis en exige. Il y a des scènes violentes, des
rixes, à la fin des procès. Marie-Armand, renonçant à s'appeler Guerry ou Guerry de Beauregard
comme son père, se fait appeler Maubreil, — et

---

[1] Marie-Euphémie-Désirée Tascher de la Pagerie, avait épousé :
1° le 22 avril 1759 Alexis Michel-Auguste Renaudin (voir *Joséphine de Beauharnais*, p. 53); 2° le 30 prairial an IV, Alexandre-François-Marie, marquis de Beauharnais, mort en 1799; 3° le 3 pluviôse an IX, Pierre Danès de Montardat.

plus tard Maubreuil, — de la terre qu'il a reçue de sa famille maternelle.

C'est sous ce nom que Jérôme Bonaparte l'a connu, lorsque, menant la grande vie, il a passé plusieurs mois à Nantes en attendant qu'il se décidât à monter sa corvette et à traverser les océans. En 1807, Maubreuil, déjà battu de l'oiseau et ayant mangé partie de sa fortune, car il est « grand duelliste et gros joueur », se souvient opportunément qu'il a connu le frère du Consul et sollicite, pour se dépayser et sortir de Paris, une charge à la cour de Cassel. D'ailleurs, il n'est pas embarrassé pour trouver des répondants. N'a-t-il pas Danès de Montardat, dont le crédit sur le jeune roi n'est pas médiocre et auquel Joséphine refuse peu de chose ? Par Saint-Aignan, beau-frère de Caulaincourt, son allié par les Lamoricière, n'a-t-il pas le grand écuyer ? Enfin, ce serait bien peu de chance si, ne sortant pas à Paris des lieux où l'on s'amuse, il n'y avait pas rencontré quelques-uns des familiers du roi, si même il n'y avait renouvelé connaissance avec le roi lui-même.

Il est donc, au début de 1808, nommé écuyer de la reine de Westphalie et capitaine des chasses, mais il reste à Cassel le temps juste de devenir l'amant de cette Blanche La Flèche dont le mari complaisant est intendant de la liste civile et

sera titré tout à l'heure baron de Keudelstein.
Etant Mlle Carréga, cette Blanche a attiré et
retenu l'attention de Jérôme, lorsque, à Gênes, il
se disposait à être un marin intrépide et à triompher des Barbaresques ; mais, bien que déchue,
elle fait encore les intérim en l'absence de favorite
en titre. Pour cela et, dit-on, parce qu'il l'a demandé,
Maubreuil, en janvier 1809, part pour l'Espagne,
lieutenant dans les chevau-légers Westphaliens
que commande le baron de Hammerstein. Le
24 avril 1810, l'Empereur veut faire quelque chose
pour ces alliés qui travaillent au trône du roi
Joseph et il décore bon nombre de Hollandais,
Badois, Wurtembergeois, Westphaliens et Rhé-
nans de Berg. Il y a trois croix pour les chevau-
légers ; Maubreuil en obtient une. A l'en croire il
a sauvé son colonel à Coralva de Calatrava, et il a
manqué, à Brozas près Alcantara, prendre le
général sir Robert Wilson. Surtout, peut-on penser, Hammerstein le croit bien en cour : il y est
mal, car, quelques jours plus tard, Cassel est
inondé d'une certaine *Epitre à Blanche* où la dame
est aussi mal traitée que le roi lui-même et que
tout le monde lui attribue. Quoi qu'il en ait dit,
il ne semble pas, depuis lors, avoir reparu à Cassel.
Il a donné ou reçu sa démission de l'armée westpha-
lienne, et on le trouve à Paris, à la fin de 1811, solli-

citant de servir comme volontaire français auprès du général Montbrun, « jusqu'à ce que Sa Majesté daigne lui confirmer, dans son armée, le grade qu'il a obtenu après trois ans de services en Westphalie ».

Dès lors, à considérer la pétition où il invoque, pour témoins de ses hauts faits, deux maréchaux et quatre généraux, dont plusieurs, il est vrai, sont morts, cet homme a la tête échauffée et, s'il n'est pas un délirant ambitieux, il est tout près de l'être. Il n'obtient pas ce qu'il a demandé et se lance dans les spéculations.

Où a-t-il connu Vanteaux et Geslin ? Sans doute dans les tripots du Palais-Royal, car la première affaire où il paraît avec eux est le bail des jeux de Tirlemont. Les Vanteaux lui repassent ensuite leur fameuse fabrique d'huile, et, à l'*Almanach du Commerce* pour 1812, il figure sous le nom de *Montbreuil* (mais à tout instant cette forme est employée pour *Maubreuil*) comme en étant propriétaire ; il est vrai qu'il y est remplacé presque aussitôt par *Detryon et Compagnie, successeurs de Geslin et Vanteaux*. Mais ce Detryon, c'est de Tryon-Montalembert, son cousin.

Dans les *affaires*, à cette époque, on change constamment de raison sociale ; on a des prête-noms à l'infini et cela rend presque impossible la recherche des responsabilités en matière de fournitures.

Après l'huile, la viande; Maubreuil s'intéresse à la manutention des vivres, mais l'association dure peu et se termine, semble-t-il, par des coups de cravache que reçoit Vanteaux et un solde de 300.000 francs qu'il est obligé de payer. Ensuite, Maubreil — Maubreuil ou Montbreuil — se lance personnellement dans une entreprise des remontes de la cavalerie où il dit avoir laissé les 300.000 fr. qu'il avait gagnés avec Vanteaux ; enfin, il négocie pour être chargé de l'approvisionnement de Barcelone, et c'est là une affaire des plus obscures, autour de laquelle s'agitent des compétiteurs de tous ordres et qui met en conflit l'Administration de la Guerre et le Ministère du Commerce et des Manufactures. L'Administration de la Guerre passe marché avec la compagnie Maubreuil pour 25.000 quintaux de blé et 360.000 décalitres d'avoine. Maubreuil achète et se tient prêt à exécuter le marché, mais l'Empereur prétend assujettir les fournitures « aux mêmes charges que les licences pour l'introduction des denrées coloniales ». Et cela se complique d'une question de marchandises saisies par le général Decaen, commandant en Catalogne et vendues par lui à Girone au lieu d'être remises à la douane de Perpignan, d'une querelle personnelle entre Decaen et Clarke à propos d'un parent de Clarke chassé par Decaen

de l'Intendance. L'Empereur soupçonne des dila-
pidations graves; surtout, il n'a guère d'argent,
prétend réserver ce qu'il en a pour « terminer des
choses plus pressantes que les affaires de Catalogne ». L'approvisionnement de Barcelone est donc
arrêté et la compagnie Maubreuil reste avec ses
quintaux de blé et ses décalitres d'avoine.

Malgré les pertes qu'il a faites, Maubreuil, à l'en
croire, offre à l'Empereur de lever dans les départements de l'ancienne Bretagne deux escadrons de
partisans qu'il mènera contre les Alliés. La proposition — si elle est faite — n'est pas agréée et
Maubreuil, toujours agité et plein de projets et
d'espérances, réduit aux expédients, malgré la
grande fortune qu'il a eue et la dépense qu'il
fait encore, client dès lors du nommé Villiaume,
entrepreneur de mariages, auquel il s'est adressé
pour épouser Mlle Richard-Lenoir, se jette à corps
perdu dans le mouvement royaliste, où, par vanité,
par *ambition*, il prétend se signaler, faire pis que
les autres — et y réussit.

*
* *

Tel est l'homme qui tutoyait alternativement et
cravachait Vanteaux. Celui-ci, par une saine appré-
ciation de son courage personnel, préfère l'avoir
pour ami que pour ennemi. Outre qu'il a la main

leste, Maubreuil peut parler et nuire. Rassuré, Vanteaux poursuit son travail avec ardeur : « Des proclamations sont répandues pour propager les bonnes doctrines ; de l'argent est distribué dans divers endroits où se rassemblent les ouvriers de toute espèce ; la statue de la colonne Vendôme est descendue ; le service de la police royale est improvisé ; en un mot, écrit Vanteaux, pendant la suspension d'administration qui précéda le 12 avril, le service de la monarchie a été fait par nous et à nos frais ».

Malgré que M. de Semallé, *ancien page du roi Louis XVI*, se multiplie pour trouver des gens connus qui paraissent dans les démarches officielles des royalistes vis-à-vis de l'empereur de Russie, le comité Vanteaux, avec son personnel d'employés des Vivres-viande, manquerait de prestige et, par suite, d'autorité, si, le 2 avril, l'arrivée à Paris de M. Jules de Polignac, muni des pouvoirs de Monsieur, comte d'Artois, ne lui apportait l'allié le plus désirable. M. de Polignac arrive gonflé de cette infatuation mystique qui lui vient des révélations célestes dont il est honoré, et rempli de cette ignorance terrestre qu'il tient à la fois de son atavisme, de son éducation, de son émigration et de sa longue captivité. Il n'a rien appris, il n'a rien oublié ; il ne sait rien de

Paris, ni de la France. Sa montre est arrêtée à l'exécution de Cadoudal dont il fut le complice. Il appartient de droit au comité Vanteaux.

Celui-ci, après Paris, veut la France. Polignac et Semallé expédient en conséquence « une vingtaine de commissaires auxquels ils donnent les pouvoirs nécessaires pour mettre en liberté les prisonniers pour cause d'opinions politiques, pour confirmer les grades aux militaires, les fonctions aux autorités constituées et pour faire arborer la cocarde blanche ». Et ces commissaires réussissent. Ils font libérer les voleurs de diligences; ils imposent la cocarde blanche, arborent le drapeau blanc, proclament le Roi. Vente de Francmesnil et Robert à Rouen [1], Tarencey dans l'Orne, Conseil dans l'Eure, Alexis Dumesnil et Grimouville dans le Calvados, Roux dans le Midi, Mollot à Lyon, Aix et Marseille expérimentent jusqu'où peuvent descendre la veulerie humaine, la lâcheté des fonctionnaires, l'appétit des places. Par là, le comité Vanteaux frappe d'impuissance le Gouvernement provisoire et le Sénat, et il détruit, avant qu'elle soit proclamée, cette constitution que, pour conserver leurs sinécures, les Jacobins nantis ont résolu d'imposer à Louis XVIII.

---

[1] De son voyage à Rouen, Robert a rendu compte dans une brochure : *Des anciens ministres et du nouveau ministère.* Paris, chez l'auteur. Janvier 1823, 8°.

II

LE TRÉSOR DE LA COURONNE

Ainsi, du 31 mars au 11 avril 1814, la France se trouve avoir, pour le moins, quatre gouvernements. A Paris, le Gouvernement provisoire qui, parce que les souverains alliés le reconnaissent et parce que les sénateurs et la plus grande partie des fonctionnaires nommés par l'Empereur se sont ralliés à lui, a une sorte de possession légale, mais sans armée, sans argent et sans police ; à Paris encore, le gouvernement du comité Vanteaux — le gouvernement des Vivres-viande — qui, en vertu des espèces de pouvoirs distribués par Monsieur, exerce une action bien plus efficace, car nul ne doute qu'il ne dispose de l'avenir, et nul n'est si sot que d'attacher sa fortune à celle d'hommes de transition occupés uniquement à marchander pour eux-mêmes : les préfets auxquels on garantit leurs places, les maréchaux qu'on assure de leurs bâtons, les magistrats qu'on rassoit sur leurs sièges, les régicides auxquels on distribue des lettres de grâce, tous, oui tous, s'empressent, se ruent à la servitude; et ce n'est pas seulement en province; à Paris, le préfet de la Seine, M. de Chabrol, a accepté d'être confirmé par eux; certains des ministres provisoires du Gouvernement provisoire — Dupont et Anglès en particulier — sont à leur dévotion et n'hésitent pas entre les ordres qu'ils reçoivent de la rue Saint-Florentin et ceux que leur envoie la rue Taitbout.

Cela fait donc déjà deux gouvernements, mais, mis à part le gouvernement du duc d'Angoulême qui se manifeste à Bordeaux et qui gagne peu à peu le Midi; mis à part le gouvernement de Monsieur, qui n'a guère d'action sensible, mais qui continue à donner des pouvoirs et à investir des commissaires; mis à part les gouvernements que les Alliés ont établis dans certains chefs-lieux qu'ils occupent avec des arrière-pensées d'annexion, il y a encore le gouvernement de Blois et le gouvernement de Fontainebleau.

Du gouvernement de Blois, nul n'a cure. Chaque jour il est déserté par ceux qui devraient être les plus fidèles à l'Impératrice régente; chaque jour, le Gouvernement provisoire reçoit des adhésions et des protestations qui ne lui laissent aucune inquiétude. Pour Fontainebleau, c'est autre chose. Là, il y a l'Empereur, trahi par les grosses épaulettes, mais gardé, acclamé, adoré par les soldats. Rue Saint-Florentin comme rue Taitbout, on sait bien que l'on ne doit d'être qu'à une surprise, un coup d'audace, une mystification. On sent frémir un peuple humilié et exaspéré des maîtres que l'étranger lui a imposés et de ceux qu'il lui ramène. Si, de Fontainebleau, l'Homme allait marcher sur Paris! Si, balayant d'un coup les traîtres, maréchaux révoltés et généraux rebelles, mettant en tête des corps d'armée des officiers de vingt-cinq ans, capitaines, lieutenants, faute d'autres — qu'était-il quand il prit Toulon? — il arrivait, qu'à son canon répondît le tocsin des grands jours, que, des faubourgs, les patriotes descendissent, que, dans la ville, les braves gens s'armassent, que des barricades surgissent dans toutes les rues, que Paris secouât l'étranger et, s'il fallait, pour le détruire, qu'il se détruisît lui-même, que pèseraient alors le gouvernement de M. de Talleyrand et le gouvernement de M. de Vanteaux?

Les chefs étrangers, pâles et suant la peur, écoutent dans la nuit si rien ne bouge du côté de Fontainebleau, et les émigrés qui sont dans leurs rangs ont averti leurs bons amis royalistes que, si Bonaparte marchait, leur premier soin serait d'éva-

cuer Paris. Il y a eu là de quoi faire penser les
émules de M. de Gouault. Napoléon a une armée
et il a un trésor. A la vérité, le trésor est à Blois à
la garde de l'Impératrice-régente, mais, en deux
marches, il sera en sûreté à Fontainebleau.

Alors, rue Saint-Florentin et rue Taitbout, la
même idée en même temps : supprimer Napoléon.
Le 2 avril, M. le duc Dalberg, l'organisateur de
l'invasion, fait confidence au préfet de police Pasquier que le Gouvernement provisoire a pris ses
précautions. Pasquier lui disait ce qu'il avait su
des inquiétudes et des craintes qu'inspirait encore
l'Empereur à l'état-major de l'armée coalisée.
« Quand des généraux, dans une telle position,
avec une telle supériorité de forces, ont une peur
si évidente de celui qu'ils vont combattre, comment voulez-vous, disait Pasquier, qu'on n'entre-
voie pas pour eux la possibilité d'un grand échec ?
— Vous avez raison, répliqua le duc : aussi va-t-
on chercher d'autres sûretés que celles-là. » Et il
expliqua qu'un certain nombre d'individus déter-
minés et conduits par un bon b... — ce sont ses
termes — revêtiraient des uniformes de chass-
seurs de la Garde qu'on avait dans les magasins
de l'Ecole militaire et que, soit avant, soit pendant l'action, ils s'approcheraient de Napoléon et
en délivreraient la France. Et, comme Pasquier

lui demande où on a pu trouver de tels hommes :
« Ah ! répond-il, cela n'est pas difficile, nous en
avons de toutes les couleurs, des chouans, des
jacobins et le reste. »

Dans ce projet, calqué sur le plan que Georges
avait formé ou plutôt qu'il a dit avoir adopté pour
ne point passer pour le vulgaire assassin qu'il
était, l'invention comme on voit était médiocre.
Mais, pour en tenter l'exécution, il fallait le bon
b... M. le duc Dalberg déclarait qu'on l'avait et, à
mille indices qui font une certitude, c'était Maubreuil, et celui qui l'avait racolé, c'était Roux-
Laborie, secrétaire général adjoint du Gouvernement provisoire.

Entre ces deux hommes quels rapports ? Roux-
Laborie est, avant la Révolution, avocat, homme
de lettres, professeur, quelque peu oratorien, quelque peu, dit-il, secrétaire de Bigot de Sainte-Croix
aux Affaires étrangères — mais Bigot fut dix jours
ministre, — quelque peu émigré, réquisition-
naire, « secrétaire de confiance du contre-amiral
Cornic » — de là, sans doute par un de ces nombreux oratoriens de la cour de Talleyrand, la Bes-
nardière, d'Hauterive, etc., introduit aux Relations extérieures, nommé sous-chef du secrétariat,
chargé d'obscures besognes de renseignements à

fournir et de papiers à vendre, recherché, poursuivi, pris en flagrant délit de conspiration avec Berlin, grâcié sans avoir été jugé dans des conditions qui le rendraient suspect s'il pouvait l'être, copropriétaire du *Journal de l'Empire*, lié avec quiconque est royaliste, mais intime avec qui ne l'est pas. Roux-Laborie est peut-être plus intrigant encore qu'il n'est vil, quoique pourtant il ait fait bien des vilenies. En 1812, revenant d'un voyage de santé qu'il est allé faire à Hambourg, l'air de Paris étant devenu malsain pour lui — on l'accusait encore d'un trafic de papiers politiques avec les Anglais, — il se retrouvait avocat. Un nommé Colleville qu'il avait probablement connu à Hambourg, à moins que ce ne fût quai Malaquais dans les bureaux de la Police générale, l'aboucha avec Maubreuil ; Maubreuil avait rencontré ce Colleville chez Vanteaux et n'avait pas manqué de se lier avec lui.

Voilà le trait d'union : Mais Colleville vaut Roux-Laborie et l'explique et il mérite qu'on fasse connaissance avec lui. Ce Colleville, Jacques-Christophe-Germain de Colleville, d'une famille de Normandie fort honnête, a quantité d'homonymes, frères ou cousins, au milieu desquels il est malaisé de le reconnaître[1] ; il était, à l'époque de la Révolution, garde du corps du comte d'Artois ; il avait émigré, « avait paru attaché à la fortune de ce prince » et fut même chargé par lui de quelques missions politiques, dont il trouva plus opportun et plus sûr d'en faire ses confidences à la police. En l'an IV et l'an V, il est employé à Hambourg par le ministre de France Reinhard pour surveiller les émigrés. En l'an IX, il est à Paris où il est autorisé à prolonger son séjour ; en l'an XI, on le retrouve à Hambourg, « très attaché au gouvernement actuel », dit un rapport, et publiant une petite brochure, *la Guerre pendant la paix ou précis de la puissance qu'exercent les Anglais sur tous les peuples du monde*. Dès ce moment, il est là chef d'espionnage pour le compte du gouvernement consulaire, avec un traitement de 1.000 francs par mois, sans compter les frais de voyage, les grati-

---

[1] Un, Amédée-François-Julien, né le 3 janvier 1790 à Balleroy, est retraité lieutenant de gendarmerie le 1er janvier 1828 ; un, Jacques-Augustin-Germain, né à Bayeux en 1772, émigré en 1791, garde du corps du comte d'Artois à Coblentz, puis cavalier noble à l'armée de Condé et hussard de Choiseul, se retire à Hambourg et devient, avec le grade de major d'artillerie, précepteur des fils du grand-duc de Mecklembourg-Schwérin ; Jacques-Christophe-Germain est le frère de ce Jacques-Augustin-Germain ; il y aurait encore un Colleville, lieutenant général en 1816 et un Alexandre de Colleville, colonel de cavalerie ayant commandé un corps franc en Piémont, lequel, au dire de la police, pourrait bien être, malgré les différences de prénom, le même que l'ami de Maubreuil.

fications et la solde de ses sous-agents, Deremesnil
et l'abbé Sabatier de Castre. Comme il était de sa
nature assez peu discret, sa présence offusquait
Reinhard, revenu ministre à Hambourg en l'an XI,
qui, le 3 frimaire an XII, demanda qu'il fût rappelé. Le Premier consul répondit, le 4 nivôse, que
« les propositions du citoyen Reinhard étaient
inadmissibles » et, dans une lettre de principe
qu'il écrivit à ce sujet à Talleyrand, montra
l'importance qu'il paraissait attacher aux rapports
de Colleville, lequel fournissait en effet, sur les
allées et les venues des complices de Georges, des
renseignements précieux. En ventôse, Colleville
demandait à être rappelé de « ce réservoir d'hu-
midité et de brouillard » où « son travail ne pouvait désormais valoir ce que coûtait son séjour ».
Il avait recueilli pourtant, sur les ressources de la
ville et sur les moyens particuliers de chacun, des
données telles qu'il se faisait fort de procurer aux
Français s'ils se présentaient dans Hambourg,
soixante millions de marcs de banque, et un mil-
liard de marchandises et denrées de toute espèce.

Revenu à Paris en l'an XIII, et qualifié *émigré
amnistié en surveillance*, il était, malgré ses rapports avec Desmarets au service duquel il était
rattaché, désigné, dans un rapport de la préfecture,
comme « un homme n'ayant pas une bonne répu-

tation sous le rapport de la morale et de la probité, mais sur le compte duquel il n'existait rien sous le rapport politique » et il obtenait le passeport qu'il avait sollicité pour Caen et Bayeux ; il continuait pourtant à être employé et, en juin 1808, Fouché l'envoyait à Murat, alors lieutenant général de l'Empereur en Espagne : « Il a des moyens, écrivait-il, dont je me suis servi avec avantage. Il peut être utile à Votre Altesse et, si elle juge à propos de l'employer, je suis convaincu qu'elle en sera satisfaite. » A la fin de 1812, Colleville était à Paris, en intimité avec Maubreuil et Roux-Laborie et faisant on ne sait quelles besognes.

*
* *

Mais Roux-Laborie avait de bien autres amitiés. En 1813, il avait trouvé à se faufiler chez Cambacérès et chez Molé ; il ne sortait pas de chez eux, et il avait si bien gagné leur intime confiance que Talleyrand, chez qui il allait tous les matins au rapport, n'avait pas de plus précieux nouvelliste. En février 1814, il venait à Lille où son ami Beugnot était préfet, et où, tandis que Bernadotte attendait la fortune en Belgique, on lui opposait une prétendue armée du Nord que Maison com-

6.

mandait en chef, avec Gentil Saint-Alphonse pour chef d'état-major, — tous deux anciens aides de camp de Bernadotte. Laborie, qui avait pris prétexte d'un procès à plaider, tâta Beugnot, lui parlant de la chute prochaine de l'Empereur et d'une régence où seraient conseillers Cambacérès, Talleyrand, Dalberg, Fontanes et un maréchal de France accrédité dans l'armée ; puis, après dîner, il passait aux chances de Bernadotte et s'étonnait que Beugnot ne se fût point entendu déjà à son sujet avec Maison. Maison n'avait point eu besoin de Laborie pour cela et il était déjà fort avancé avec le prince de Suède.

Ce n'était là pour Laborie qu'une façon de tâter les gens : Il avait rapporté à Talleyrand qu'on pouvait compter sur Beugnot, et Talleyrand ne l'avait point oublié, puisqu'il fit Beugnot son ministre de l'Intérieur. A quelles besognes fut-il employé en mars, on ne saurait dire : « un personnage, à qui du vif-argent circule dans les veines à la place de sang », comme dit Beugnot, échappe aux mains comme le vif-argent même. Ce qui est sûr, c'est qu'ayant servi à tant de commissions, connaissant tant de secrets, ayant remué tant d'intrigues, il s'était, par son adresse, son entregent, son ubiquité, imposé en quelque sorte, lorsque, des épaves de son salon, Talleyrand avait composé son gouvernement et il y tenait plus, en conversations qu'en écriture, le poste de secrétaire général adjoint, avec Dupont de Nemours pour secrétaire général titulaire, et honoraire.

Opportunément, Roux-Laborie s'est souvenu de Maubreuil. De quoi ne serait pas capable un homme aussi brave, aussi compromis et aussi fou ? Pour la bravoure, son ruban rouge et ses duels l'attestaient ; pour les besoins, ses dettes ; pour la compromission, ses hauts faits de la croix et de la colonne ; pour la folie, .oute sa vie. Qu'on lui eût fait de belles promesses, pourquoi pas ? que quelqu'un, un abbé — Pradt ou Louis — lui ait répondu lorsqu'il demandait dix millions : « Dix millions ! ce n'est rien pour débarrasser le monde d'un tel fléau ! » qu'on lui ait dit que, s'il revenait, il serait duc, lieutenant général, gouverneur de province, tout est possible : c'est à la peur affolée de ces hommes qu'il faut mesurer les récompenses dont ils ont dû tenter l'assassin. Devant l'irrécusable témoignage de M. Pasquier, tous les récits de Maubreuil deviennent vraisemblables. Il y a mieux : On ne s'est point tenu aux paroles. Il y a eu commencement d'exécution. Maubreuil est dès lors en possession de l'uniforme de colonel de hussards ou de chasseurs, qui doit lui servir à pénétrer jusqu'à l'Empereur [1].

Rue Taitbout on est plus avancé encore. Le 4 avril, M. de Semallé a reçu un officier de mameluks nommé Hamaouy, amené par un M. de Favrade (?) [2]. Cet officier « venait, au nom du corps, reconnaître le Roi et lui prêter le serment de fidélité », moyennant qu'on garantît leur grade aux officiers s'ils désertaient l'Empereur. Il proposa d'apporter dans un sac la tête de Napoléon et, pour montrer comme il était sûr de son coup, il se fit fort de faire tourner les mameluks dès le lendemain, avant trois heures de relevée. Il fut convenu que, le lendemain, si le corps entier passait, tous les officiers avanceraient d'un grade. Semallé rédigea à l'instant et fit signer par M. de Polignac un brevet de colonel qu'il déposa entre les mains de M. de Favrade (?) pour être remis à Hamaouy s'il tenait parole. Le 5 avril, une députation des officiers mameluks venait, avant trois heures, prêter serment de fidélité au Roi entre les mains de M. de Semallé, lequel, s'il avait, comme il l'annonce, décliné, quant à la tête, l'offre de

---

[1] Les relations continuelles de Maubreuil avec Roux-Laborie, depuis le 2 jusqu'au 17 avril, ne sont pas plus niables que le concert établi à ce moment entre Maubreuil, Dasies, de Brosse, Sémallé et Dumas de Monbadon en vue d'une expédition contre Napoléon.

[2] Ne serait-ce pas Fonnade, lieutenant en second, porte-aigle aux mameluks?

Hamaouy, y avait mis des formes et s'était gardé de le décourager : Les mameluks continuant leur service à Fontainebleau, Napoléon y était sous le couteau [1].

Ces précautions devaient être inutiles : le maréchal Marmont, si lié avec la haute banque dont était sa femme, ne résista pas à Essonnes à une de ces charges de la cavalerie de Saint-Georges, par quoi l'Angleterre a remporté la plupart de ses victoires. Il fit comme les mameluks, il passa à l'ennemi. Dès lors, Napoléon n'avait plus qu'à capituler : les maréchaux s'empressèrent pour l'y contraindre.

*
* *

Mais si l'Empereur n'avait plus guère d'officiers généraux, il avait encore son trésor. Cet argent était le seul qu'il y eût en France. A Paris, les caisses du Gouvernement provisoire étaient vides ; le baron Louis payait tant bien que mal l'indispensable, au fur et à mesure des rentrées presque nulles. Messieurs des Vivres-viande n'étaient pas mieux argentés et, pour trouver le viatique de

---

[1] Joseph Hamaouy entré au service le 16 décembre 1797 fut en effet confirmé en 1814 dans le grade de colonel, mais mis en demi-solde.

leurs commissaires, ils avaient épuisé le fond de leur bourse. Sans argent, l'Empereur n'avait plus d'armée ; le nerf de la guerre passait d'une main dans l'autre. Toute tentative pour reprendre la campagne devenait impossible. Sans doute la paix allait être signée entre Napoléon et les souverains alliés ; désormais donc, plus de regard inquiet vers la plaine de Grenelle ; mais cette paix allait assurer à Napoléon ce trésor même, puisque l'Europe lui garantissait la propriété de ce qui provenait de la liste civile — et ce trésor était le reliquat des économies faites depuis quatorze ans. On débattait en ce moment d'autres points, mais celui-là était acquis.

Qu'il fût régulier de s'emparer de ce trésor, on ne le discutait même pas ; on s'y préparait. On ne fait pas une révolution pour avoir des scrupules. Le Gouvernement provisoire n'en avait pas : il n'eût point soutenu pourtant, comme les Bourbons, que cela fût légitime, — toute propriété acquise par Bonaparte étant usurpée sur eux.

Par cette chance extraordinaire qui, depuis trois mois, tournait toujours contre Napoléon et au profit de ses ennemis, le trésor était, non pas à Fontainebleau, mais à Blois. Il y était sous la garde de M. le baron de la Bouillerie, trésorier général de la Couronne, et de dix-huit cents cavaliers de la Vieille garde — ceux-ci braves gens et sûrs. Toutefois, il fallait se hâter. Le 7 avril, sur la venue du baron de Saint-Aignan, expédié de Blois par Mme de Montebello et peut-être par Marie-Louise, l'empereur Alexandre, pour rassurer l'Impératrice contre les entreprises de ses beaux-frères et contre celles des cosaques, avait envoyé de Paris, près d'elle, son aide de camp le comte Schouwaloff. Etant donnés les sentiments que Alexandre avait témoignés à l'égard de l'Empereur, on ne doutait pas plus à Paris qu'ailleurs que Schouwaloff n'eût pour mission de se mettre aux ordres de l'Impératrice et de la conduire, s'il lui plaisait, à Fontainebleau, — et avec elle le trésor.

C'est pourquoi, le 8, aussitôt qu'il a connaissance de l'envoi de Schouwaloff et de l'imminence de la signature du traité, le Gouvernement provisoire, « instruit que M. le baron de la Bouillerie, trésorier général de la Couronne, a emporté en quittant Paris, les fonds de sa caisse évalués à plus de quarante millions, les effets qu'il avait en portefeuille et les diamants de la Couronne », arrête qu'il sera sur-le-champ envoyé à M. de la Bouillerie un agent du Trésor, chargé de l'instruire des événements qui se sont produits à Paris et de lui enjoindre de restituer les fonds qu'il a en caisse.

Le baron Louis, commissaire provisoire aux

Finances, chargé de l'exécution de cet arrêté, délègue aussitôt, près de M. de la Bouillerie, M. Dudon, ci-devant maître des requêtes au Conseil d'État et intendant en Espagne, destitué l'année précédente et même emprisonné quelques jours à Vincennes pour abandon de son poste en présence de l'ennemi. On sait pouvoir compter sur son zèle et sur sa haine.

Pour peu que M. le baron de la Bouillerie soit fidèle à son bienfaiteur, pour peu que Marie-Louise connaisse son devoir, pour peu que les ministres qui l'entourent aient le sentiment de l'honneur, quelle est l'autorité qui, dans cette ville où flotte le drapeau tricolore, où l'Empereur règne, où six mille soldats ne respirent que pour lui, rendra exécutoire l'arrêté de M. de Talleyrand ?

A toute aventure, le Gouvernement provisoire a armé son agent d'un deuxième arrêté, en date du 9, qui dénature le caractère de sa mission, qui donne au trésor de la Couronne l'apparence d'un trésor volé à l'État, et par là, il compte intimider les gens honnêtes et trouver chez les autres des dupes ou des complices : « Le Gouvernement provisoire informé que, d'après les ordres du souverain dont la déchéance a été solennellement prononcée le 3 avril 1814, des fonds considérables ont été enlevés de Paris dans les jours qui ont précédé

l'occupation de cette ville par les troupes alliées ;
que ces fonds ont été conduits en plusieurs trans-
ports sur divers points du royaume ; qu'ils ont
même été grossis par les spoliations de plusieurs
caisses publiques dans les départements ; que les
caisses municipales, et même celles des hôpitaux,
n'ont pas échappé à cette dilapidation ; voulant,
dans le plus bref délai, faire rentrer au Trésor les
fonds qui lui sont soustraits et qui appartiennent
au service public », somme tout dépositaire ou
rétentionnaire de ces fonds d'en faire la déclaration et de les reverser, tout conducteur ou chef
d'escorte militaire de les dénoncer, tout magistrat
de s'opposer à ce que le transport en soit continué
et déclare tous les individus dénommés dans l'arrêté civilement et personnellement responsables
des sommes qui pourraient avoir été soustraites
par leur négligence ou leur désobéissance.

Par là, ceux qui, dans l'écroulement accompli
du gouvernement de l'Empereur, auraient besoin
d'une excuse ou d'un prétexte pour voler leur
ancien maître, reçoivent l'un et l'autre des mains
de M. de Talleyrand. Il ne faut donc point s'étonner si M. Dudon, rencontrant le trésor à Orléans
où l'Impératrice venait d'arriver sous la protection
du comte Schouwaloff, trouva des complicités qui
lui rendirent sa tâche singulièrement facile.

A son arrivée le 10, il se rendit chez M. le baron de la Bouillerie auquel il déclina ses qualités et qui, à la première réquisition, lui présenta les registres de comptabilité du trésor. Seulement, après avoir donné cette preuve de bonne volonté, il déclina la responsabilité de livrer les fonds et renvoya M. Dudon au général Caffarelli, chef de la maison militaire de l'Impératrice, et au duc de Cadore, secrétaire de la Régence et intendant général. Ceux-ci opposèrent à l'ex-maître des requêtes que l'arrêté du Gouvernement provisoire n'était pas applicable au trésor de la Couronne, produit des économies constatées de la liste civile. M. Dudon parut ne pas insister sur ce point et réclama seulement les diamants de la Couronne.

Pour ceux-ci, on avait reçu de l'Empereur des ordres précis et formels. Par une lettre du 11, à midi, écrite à Meneval, l'Empereur avait ordonné qu'on les restituât intégralement. *Conformément à ses ordres, tous avaient été remis à M. de la Bouillerie.* Meneval l'atteste.

« Ces diamants furent rendus sur inventaire avec la plus scrupuleuse exactitude. » Mais M. Dudon prit du même coup les diamants qui appartenaient personellement à l'Impératrice et qui se trouvaient avec les diamants de la Couronne. Ayant les états, il réclama jusqu'à l'*esclavage* de perles, présent de l'Empereur à sa femme lors de ses couches, que Marie-Louise portait au cou à ce moment. L'Impératrice le détacha elle-même et, le donnant à « la femme rouge » chargée de ses diamants pendant le voyage : « Remettez-le, dit-elle, et ne faites aucune observation. »

Nul obstacle de même n'avait été apporté, nulle difficulté soulevée au sujet des valeurs en bons du Trésor (deux millions) quelle qu'en fût l'origine, non plus qu'au sujet des valeurs du Domaine extraordinaire (cent trente millions). Seulement, durant que M. Dudon s'occupait à dépouiller l'Impératrice, Caffarelli et l'intendant général avaient eu la précaution de faire retirer des fourgons du trésor une somme de six millions en or qu'ils avaient mise en réserve pour les besoins de l'Empereur et ceux de sa maison.

Bien leur en prit. L'officier de la Gendarmerie d'élite, le lieutenant-colonel baron Janin, de Chambéry, qui, avec deux escadrons de son arme commandait à la fois l'escorte de l'Impératrice et celle du trésor, s'était entendu avec l'envoyé du Gouvernement provisoire ; il rassembla son détachement, fit atteler d'autorité les caissons et, le 12, de grand matin, se mit en marche sur Paris. Le butin consistait dans les bijoux personnels de l'Impératrice confondus à dessein avec ceux de la

Couronne, 11.500.000 francs en or monnayé, deux à trois millions d'argenterie et de vermeil et quatre cent mille francs environ de bagues et tabatières pour présents, les habillements et ornements impériaux, la bibliothèque de voyage de l'Empereur et jusqu'à ses mouchoirs de poche.

Nul, en ce désarroi et cette surprise, n'avait eu l'idée ni le temps de faire appel aux troupes qui se trouvaient à Orléans, dont le dévouement s'attestait par des cris frénétiques de « vive l'Empereur, vive Napoléon ! » Il y avait même des détachements de vieille garde que le général Hamélinaye, commandant du département, employa à réprimer les désordres des autres troupes et qui n'eussent certes point hésité à marcher, même contre les gendarmes d'élite du baron Janin, mais on n'eut garde de les requérir. La Bouillerie avait fourni son caissier qui accompagnait Janin et il se préparait lui-même à le suivre. Quant au comte Schouwaloff, qui avait mission de protéger l'Impératrice, il jugea sans doute que cette protection était restreinte à la personne de Marie-Louise; son intervention fut vainement réclamée : « il ne mit aucune opposition à l'exécution d'un acte aussi révoltant. » Au surplus, il ne s'en agita guère. Dans le rapport qu'il adressa le 13 avril au comte Nesselrode, il écrivit simplement : « Le même jour, un commissaire du gouvernement était arrivé et avait reçu la partie du trésor de la Couronne qui était chez l'Impératrice et qu'elle était certainement bien intentionnée de rendre sans qu'on la lui demande » ; ce Russe excellait aux euphémismes et aux scrupules de conscience.

C'était une belle aubaine. Comment avait-elle échappé à Vanteaux et à ses amis? Pourtant, à Paris, tout ce personnel de marquis d'industrie et de chevaliers de grandes routes que le 31 mars avait tirés de leurs brelans d'habitude, affublés pour l'occasion de grades apocryphes et décorés d'ordres mystérieux, avaient, depuis le grand jour, les yeux fixés sur le trésor de l'Empereur.

Dès le 5 avril, le général Dupont, ministre de la Guerre — l'homme de Baylen — avait délivré à un personnage dont l'identité n'est jusqu'ici pas établie, mais qui doit être un des héros des armées royales de l'ouest, cet ordre dont la minute est de sa main : « M. Philippe Lemaistre, ancien militaire, est autorisé à se rendre dans le département de la Vendée et lieux circonvoisins et à lever un corps franc de quatre à cinq mille hommes, avec lequel il se dirigera immédiatement sur Chambord. M. Lemaistre prendra toutes ses mesures pour arriver à Chambord sans être attendu, de manière à pouvoir saisir et enlever les trésors et objets précieux qui ont pu y être déposés et cachés par ordre de Napoléon et qui ont été distraits du trésor de la Couronne. M. Lemaistre me rendra compte journellement, et avec les précautions que la prudence pourra exiger, de la marche et des résultats de son expédition. Il est ordonné à toutes les autorités civiles et militaires de favoriser le succès de la mission confiée à M. Philippe Lemaistre. » Et, de sa main, Dupont a écrit à Pasquier pour lui demander un passeport pour ce Lemaistre et pour le prier de faire viser ce passeport par le général Sacken.

Ce Lemaistre est-il un des hommes de Vanteaux? cela est possible. Déjà Dupont a délivré des ordres analogues aux commissaires expédiés par Polignac et Semallé. L'on ne peut penser qu'il ait reçu à ce sujet des instructions du Gouvernement provisoire où se trouvent des gens formalistes et peu désireux d'ajouter à leurs embarras celui du corps franc de quatre à cinq mille hommes commandé par M. Philippe Lemaistre. M. Dupont a donc une fois de plus pris les devants et, dès lors, apparaît sa complicité habituelle avec les hommes de coup de main.

C'est au Gouvernement provisoire que s'adresse, le 9, le colonel marquis César-Flandre d'Espinay-

Saint-Denis, chevalier de plusieurs ordres royaux et militaires. Il propose, celui-ci, de faire rentrer les diamants de la Couronne et deux à trois cents chevaux de selle et de voiture. Il insiste le 12, déclarant qu'il a découvert l'endroit où l'archiduchesse Marie-Louise a laissé son trésor et ses diamants, chez une dame de Coindé, près de Blois, et réclame instamment qu'on y expédie en mission son ami le comte de Ferrière « pour ravoir les chevaux et les diamants de la Couronne avant l'arrivée de Monsieur : cela, disait-il, ne pourrait que lui faire grand plaisir ». Ce d'Espinay et ce Ferrière étaient des amis de Maubreuil. S'ils étaient mal renseignés et si le Gouvernement provisoire les avait devancés, peu importe ; ces lettres établissent combien d'yeux étaient fixés sur ce trésor.

Semallé et Vanteaux ne pouvaient manquer d'avoir eu la même préoccupation ; mais, ayant appris que Monsieur devait arriver le 10 à Meaux, ils avaient résolu d'aller au-devant de lui pour lui présenter leurs hommages et lui faire signer les lettres de grâce qui étaient le prix mis à leur adhésion par quatorze régicides, membres de la Cour de Cassation. Ils y furent donc en une voiturée, Vanteaux, Geslin, M. et Mme de Semallé, et furent reçus à miracle. Vanteaux paraît y avoir obtenu des assurances particulières de faveurs à venir ;

le trésor de Napoléon semblait donc leur échapper, mais ils jouaient de chance.

Au nombre des commissaires envoyés par Polignac et Semallé sur divers points de la France, se trouvait ce marquis de La Grange qui avait joué un rôle si imprévu dans la révolution du 31 mars. Comme d'autres — particulièrement le commandant Mollot, promu colonel par « les fondés de pouvoirs », — il était muni d'un ordre du général Dupont, lequel, a dit Semallé, « se montrait plus désireux de servir le Roi que de défendre les prérogatives du soi-disant Gouvernement provisoire ». Cet ordre, en date du 7 avril, était ainsi conçu : « Il est ordonné à M. Hippolyte Desfieux de Beaucu de La Grange de partir sur-le-champ pour se rendre à Orléans afin de faire connaître à toutes les autorités civiles et militaires les actes du Sénat et du Gouvernement et de traiter avec elles sur tout ce qui concerne le service de Sa Majesté Louis XVIII, de recevoir leur adhésion et celle des troupes sous leurs ordres. Cet ordre est commun aux préfets, maires et gardes nationaux. »

La Grange, parti de Paris le 9 à six heures, arrivé à Orléans dans la matinée du 10, s'était présenté au général Hamélinaye qui avait d'abord menacé de le faire arrêter, mais qui, sur la réponse de La Grange : « Général, si je n'ai pas votre adhésion dans deux heures, je vous destitue », s'était adouci, puis rendu et, après lui, le préfet, le maire, les officiers supérieurs de l'armée et de la garde nationale.

Cela, la Cour impériale étant à l'Evêché. La Grange écrit en effet : « S. M. Marie-Louise, Joseph, Jérôme, la mère de Bonaparte, la reine de Westphalie y étaient arrivés dès la veille à cinq heures du soir, venant de Blois et escortés par environ 1.200 cavaliers de toutes armes. »

Au surplus La Grange ne s'était point attardé : ces 1.200 cavaliers pouvaient devenir offensifs : « Une partie de la Garde Impériale, écrit-il, réunie à beaucoup d'officiers de grades ont parcouru les rues de la ville en criant : vive l'Empereur et en proférant des injures et des menaces contre les habitants. »

Donc, ayant reçu les confidences du comte Schouwaloff, aide de camp de l'empereur de Russie et pris note des passeports qu'il avait délivrés, ayant recueilli le bruit du départ de la reine de Westphalie à destination de Paris, il se hâta de rentrer pour chercher sans doute de nouvelles instructions.

Déjà sa mission n'avait point mal réussi, puisque, durant son séjour à Orléans, l'Impératrice allait être constamment espionnée par les fonctionnaires qu'elle croyait fidèles et qui rendraient compte au Gouvernement de chacun de ses pas. Elle n'avait plus à compter sur aucun secours, ni de l'élément, civil, ni du militaire. Cela explique le succès de Dudon.

Le 11, La Grange est à Paris, il adresse son rapport à M. de Semallé, lequel le transmet au ministre de la Guerre en l'authentifiant, *pour copie conforme*, de ses noms et titres.

Le 12, dans la soirée, il apprend la mission Dudon et la prise de possession du trésor par l'envoyé du Gouvernement provisoire. A deux heures du matin, il est chez Semallé qui, « ne le connaissant pas assez pour lui confier à lui seul une mission aussi importante », — ou plutôt le connaissant trop bien, — appelle M. de Villeneuve-Arrifat, jeune homme qui lui servait d'aide de camp et lui « propose de se joindre à M. de La Grange pour aller, au nom du Roi, arrêter le trésor et l'amener à Paris. Il le charge spécialement d'empêcher que nul ne pût en rien détourner ». Puis, il se rend chez Dupont, lequel, sans tenir le moindre compte de la mission donnée par le Gouvernement provisoire à Dudon, s'empresse de faire délivrer, par le secrétaire général du ministère, cet ordre à l'adresse du général Hamélinaye : « Je suis instruit, général, qu'il existe à Orléans des voitures d'or et d'argent soustraits au trésor public par Bonaparte. Vous voudrez bien, au reçu de la présente, vous entendre avec M. Beaujeu de La Grange, ancien colonel, que je vous adresse, pour arrêter tout argent et effets appartenant au Gouvernement. Je vous rends responsable du retard et de la négligence qu'on apporterait à l'exécution de l'ordre que je vous donne à ce sujet. M. de La Grange vous donnera tous les renseignements que vous pourrez désirer. Vous l'autoriserez au besoin à s'adjoindre tous les officiers qu'il désignera. »

Retournant à Orléans, La Grange rencontre, à la poste de Tourny, qui en est à six lieues, Dudon, qui a pris les devants sur le convoi parti dans la nuit sous la conduite de Janin « lequel s'est offert pour l'escorter avec sa troupe qu'il ramenait à Paris ». La Grange annonçait tout haut qu'il allait chercher un convoi considérable. Dudon lui fit observer que de pareilles missions devaient être remplies secrètement, surtout entourés comme ils l'étaient d'essaims de Cosaques. Il le prévint en outre que le convoi allait arriver et, à l'instant même, la tête de l'escorte parut à l'entrée du village. La Grange parla alors de prendre le commandement du convoi, Dudon lui répondit qu'il n'avait rien à décider à cet égard, que La Grange montrât ses ordres à M. le colonel Janin. Cette réponse ne satisfit pas La Grange qui partit pour Orléans. Il y trouva La Bouillerie qui se disposait à rejoindre le trésor qu'il avait livré, dont il s'estimait inséparable, et à la garde duquel on ne pouvait moins faire que le maintenir. La Bouillerie lui écrivit une lettre par laquelle il se justifiait de ne pas lui remettre le trésor et où il ajoutait certaines allégations au sujet de caisses manquant de diamants de la Couronne qui engagent étrangement sa responsabilité dans les événements ultérieurs.

La Grange, muni de cette pièce, repartit d'Orléans et rejoignit le convoi au moment où il atteignait Etampes. Il se plaignit du peu d'attention que Dudon avait donné aux ordres dont il était porteur et lui annonça qu'il serait obligé d'en faire son rapport au ministre de la Guerre. Il se hâta ensuite vers Paris, vint rendre compte à Semallé, qui avait avec lui Vanteaux, Geslin et Maubreuil. Il s'empressa de montrer la lettre de La Bouillerie, d'annoncer qu'il manquait deux caisses de diamants. Puis, muni sans doute de nouveaux ordres à l'adresse du colonel Janin et accompagné d'hommes que Dupont avait dû lui donner, il repartit au-devant du convoi que Dudon, on ne sait pour quelle cause, avait abandonné (« j'achevais ma mission », dit-il), en laissant pour instruction au colonel Janin de conduire les voitures directement au Trésor. « Arrivé aux portes de Paris, raconte Pasquier, le convoi tomba dans une troupe conduite, si je ne me trompe, par un sieur de La Grange qui avait, disait-il, mission de le saisir. De qui la tenait-il ? Je ne saurais le dire ».

Il la tenait de Semallé qui avait fait marcher Dupont, et Semallé attendait chez lui les millions de l'Empereur, mais on était au 13, et le 12, Monsieur, « monté sur le cheval blanc espagnol de M. de Vanteaux », avait fait son entrée à Paris et était venu descendre aux Tuileries. Vanteaux n'avait pas manqué de le mettre au courant de l'expédition La Grange dont il savait tous les détails par son inséparable, M. de Semallé, et Monsieur préféra avoir sous sa main les millions de Bonaparte plutôt que de les livrer au Gouvernement provisoire : Aussi chargea-t-il son homme de confiance, beaucoup disent son caissier, Vanteaux, d'en prendre possession. Voici l'ordre qu'il donna, en sa qualité de chargé des pouvoirs du roi son frère, ordre qui, à lui seul, montre le cas qu'il faisait du Gouvernement provisoire, du Sénat et du reste : « *Ordonnons à M. de Vanteaux de se porter à l'instant sur la route d'Orléans au-devant d'un convoi d'argent commandé par le colonel Janin, de conduire le convoi directement aux Tuileries et de le remettre à M. le comte François d'Escars, notre capitaine des gardes et l'autorisons à requérir toute force civile ou militaire quelconque. »*

Ainsi, ce n'est pas La Grange, comme l'a dit Pasquier, qui, de son chef, mena le convoi aux Tuileries; MM. Vanteaux et Geslin ne prirent pas sur eux, comme a dit Semallé, d'aller au-devant du trésor pour le conduire à Monsieur aux Tuileries. Ce fut Monsieur lui-même qui, à cette entreprise de vol à main armée, organisée par le Gouvernement provisoire et reprise par le comité Vanteaux, mit la dernière touche et donna la direction suprême en s'en attribuant tous les profits.

Pour justifier son vol, le Gouvernement provisoire alléguait les besoins de l'État. Monsieur et ses amis étaient trop grands seigneurs pour chercher des excuses. Ils avaient des besoins eux aussi, et commençaient par les satisfaire. Dans la cour même des Tuileries, on défonça des tonneaux d'or et on s'en partagea le contenu. Les tabatières à portrait trouvèrent des amateurs inattendus, mais c'était pour les diamants. Ce fut un pillage comme après les attaques de diligences. Aussi bien, c'étaient les mêmes hommes.

Au moment où la curée était dans son plein, survinrent le prince de Bénévent et le baron Louis qui venaient réclamer l'argent pour le verser à la Trésorerie. Les amis de Monsieur, les Polignac, les La Salle, les Trogoff « et autres qui l'avaient suivi à Paris », ne voulaient rien rendre, non plus que Vanteaux, Geslin, Semallé, les hommes des Vivres-viande. Il y eut une dispute des plus violentes. « Les caissons restèrent deux fois vingt-quatre heures dans la cour des Tuileries sans être déchargés, confiés à un poste de la garde nationale et de la gendarmerie dont M. Louis avait réclamé le secours ».

Chose étrange : M. Pasquier est muet sur l'issue de la réclamation formulée par M. Louis ; M. de Semallé affirme que « le trésor fut gardé aux Tuileries jusqu'à l'arrivée de Louis XVIII ». Talleyrand se tait, comme Vitrolles. Il semble qu'on ait fait volontairement le silence. Pourtant, les journaux, passés de la censure de M. Morin à celle de M. Michaud, portent à quarante-quatre millions la valeur du trésor et racontent les paroles pleines de bonté que Son Altesse Royale Monsieur a adressées au colonel baron Janin et à ses gendarmes. Quarante-quatre millions, même dix ou douze, ne s'envolent pas ainsi sans laisser aucune trace. C'est qu'on a voulu couvrir une note maladroite, émanée du cabinet de Monsieur, parue dans le *Journal des Débats* et dans le *Journal de Paris* du 23 et qui constitue l'aveu le plus formel du vol ; cette note est ainsi conçue : « Le numé-

raire. l'argenterie. les diamants qui ont été res-
saisis à Orléans, ainsi que nous l'avions annoncé,
étaient sortis du trésor particulier de la Couronne.
S. A. R. s'est empressée d'ajouter que tout le numéraire serait versé. à titre de prêt, au Trésor royal
pour subvenir aux plus pressants besoins de l'armée. » A la suite, se trouve cet ordre du ministre
de la Guerre : « Il sera payé sur-le-champ un
mois d'appointements et de solde à toute l'armée
française. Les officiers et les hommes présents
auront seuls droit au paiement de leurs appointements et de leur solde. »

Quelle était la somme prêtée ? Quand, aux mains
de qui, le Trésor public la remboursa-t-il ? Mystère. Ce qu'on peut affirmer toutefois, c'est que ce
ne fut pas à son propriétaire légitime lequel, de
Fréjus, faisait adresser, par Bertrand à Meneval,
une note destinée à être remise par Marie-Louise
à l'empereur d'Autriche, où, protestant en vertu de
l'article XI du traité de Fontainebleau, il se sou-
mettait à faire produire, par les dépositaires des
comptes de la liste civile et par les comptables, les
preuves que cet argent provenait des économies
faites par lui depuis quatorze ans.

Le mystère qui s'établit au sujet de cet argent
se trouve attesté par un des témoins à coup sûr les
mieux placés pour en connaître, homme de haute

probité, dont le caractère fut, par les royalistes mêmes, déclaré digne de toute estime : M. Peyrusse, payeur du quartier impérial de 1809 à 1814, trésorier de l'Empereur à l'île d'Elbe, trésorier général de la Couronne aux Cent jours. « Plusieurs fois, à l'île d'Elbe, écrit-il, Sa Majesté désira savoir par mes amis au Trésor, dans quelles mains avaient été versés les millions que le baron de la Bouillerie avait amenés à la suite de S. M. l'Impératrice et qu'il avait livrés aux commissaires du Gouvernement provisoire. Le Trésor avait enregistré le reçu des commissaires et ignorait la destination ultérieure de ces valeurs. De retour à Paris, Sa Majesté me réitéra l'ordre le plus formel de prendre tous les moyens possibles pour découvrir la trace qu'avait dû laisser une si grande quantité de caisses d'or. M. le ministre de la Police me prêta son assistance. Tous les comptes de la Maison du Roi furent surveillés; les valets du Château interrogés; nos recherches furent vaines. M. de La Bouillerie assura ne rien savoir; tout concourut à nous convaincre que les fonds n'étaient pas entrés à Paris. Toutes les valeurs existantes dans le portefeuille du Domaine extraordinaire avaient été rendues aux souverains qui les avaient souscrites. Il fallut se résigner à ne rien savoir. L'avenir seul pourra découvrir cette dilapidation. »

Ainsi, à en croire Peyrusse, nul des employés du Trésor n'avait eu connaissance de cette décision du comte d'Artois ; nul ne se souvenait d'avoir versé *tout le numéraire* « pour subvenir aux plus pressants besoins de l'armée », et M. le baron de la Bouillerie qui, ayant suivi son trésor, était venu en réclamer sa place, qui avait obtenu que Monsieur la lui conservât, qui l'exerçait puisqu'on le trouve alors en fonctions, n'avait pas, à l'en croire, la moindre idée d'avoir remis au ministre de la Guerre la totalité des espèces constituant le trésor de la Couronne, ce qui l'eût par là même déchargé de son emploi. Que les fonds fussent entrés à Paris, on en a la preuve; qu'ils fussent venus aux Tuileries, on en a la certitude; mais, qu'ils eussent été versés au Trésor public pour la solde de l'armée, on n'en est informé que par le *Journal des Débats* : cela vaut ce que vaut la ligne.

Si telle avait été la destination donnée au trésor impérial, bien que Napoléon dût trouver d'une assez belle ironie que son propre argent eût servi à débaucher ses soldats et que c'eût été lui qui eût payé pour faire une armée aux Bourbons, tel il était néanmoins que le prétexte eût servi pour tout couvrir. On lui eût dit qu'il s'était agi de « ses braves », on lui eût dépeint leur misère, il

se fut attendri et il eût passé. Mais M. de la Bouillerie « assure ne rien savoir », c'est donc que lui
qui sait tout n'a rien de bon à dire : M. Roullet qui a
dû à l'Empereur son nom de la Bouillerie, son titre
de baron, une dotation de 20.000 livres de rente,
des places dont une seule vaut 30.000 francs de
traitement, est à présent fidèle à ses nouveaux
maîtres : fidèle s'entend : « Au retour de 1815,
dit l'Empereur à Las Cases, il sollicita vivement
d'être admis près de moi et de pouvoir se justifier;
il aurait prouvé sans doute que c'était la faute de
son ignorance plutôt que de son cœur. Il me connaissait bien; il savait que, s'il arrivait jusqu'à moi,
il en serait quitte pour quelques paroles de colère.
Mais je me connaissais aussi, j'étais résolu de ne
pas le reprendre; je refusai de le voir. C'était le
seul moyen que j'avais en cette occasion de résister
à lui et à plusieurs autres. »

M. le baron de la Bouillerie réservait peut-être
son secret pour cette audience qu'il sollicitait.
L'Empereur ne l'ayant point reçu, il n'expliqua
point pourquoi « se trouvant à Orléans avec des
dizaines de millions à Napoléon, sa propriété particulière, il les avait portés à M. le comte d'Artois,
à Paris au lieu de les conduire à Fontainebleau,
comme cela était de son devoir et de sa conscience ».
Ce mutisme involontaire lui valut d'être, à partir

de 1815, député de la Sarthe, sous-secrétaire d'État aux Finances, ministre d'État, intendant général de la Maison du Roi, pair de France, comte héréditaire, grand-officier de la Légion d'honneur, et le reste.

Monsieur avait pris l'argent; les Bourbons le gardèrent. Quel Bourbon? peu importe : Louis XVIII comme son frère, s'il avait la main ouverte pour prendre, l'avait fermée pour rendre — témoin l'affaire du chevalier Desgraviers, les affaires Ruelle, Le Boulanger, Pfaff de Pfaffenhofen, pour ne citer entre mille que celles où les créanciers légitimes s'avisèrent de s'adresser aux tribunaux — témoin encore bien plus l'affaire Maubreuil.

III

LE GUET-APENS DE FOSSARD

Le colonel marquis de La Grange, s'il avait manqué le trésor de l'Empereur à Orléans, en avait du moins rapporté une lettre de M. le baron de la Bouillerie, en date d'Orléans, le 12 avril 1814, lettre qui, si elle est authentique, dénote, de la part du trésorier général de la Couronne, une légèreté bien coupable. M. de la Bouillerie aurait écrit à La Grange : « Lors du départ de l'Empereur Napoléon pour l'armée le 25 janvier, il me fit demander les diamants de la Couronne qui lui furent remis dans trois caisses, sous les numéros 1, 2 et 3 ; et il me fut donné décharge par un décret, tant de cette remise que de celles qui avaient été faites antérieurement à l'Impératrice. Arrivé à Orléans, et ayant eu connaissance que la caisse n° 1, contenant le Glaive et le Régent, était entre les mains de l'Impératrice, j'en ai fait la demande et elle m'a été remise, ainsi que tous les autres diamants servant à sa parure. Mais les caisses n°s 2 et 3 ayant été déposées dans des mains qui me sont inconnues, je me suis adressé à M. le général Bertrand et j'attends sa réponse.

« Les fonds des autres valeurs, bijoux, etc., appartenant tant au trésor de la Couronne qu'au Domaine privé et au Domaine extraordinaire, sont partis ce matin pour Paris, accompagnés d'un commissaire du Gouvernement provisoire et de mon caissier; je m'y rends aussi pour en faire remise au Trésor et présenter la situation des différentes caisses qui m'ont été confiées.

« Le convoi se compose particulièrement de dix millions en or. »

Ainsi, en prenant cette lettre pour authentique, M. de la Bouillerie aurait dénoncé à M. de La Grange le détournement, ou tout le moins l'absence, de deux caisses, n°s 2 et 3.

Or, toutes les personnes attachées à la maison de Marie-Louise et présentes à Orléans ; Meneval, Savary, Mme Durand, Bausset, déclarent que les diamants de la Couronne ont été intégralement remis par La Bouillerie à Dudon. Meneval ajoute que, depuis plusieurs jours, tous les diamants avaient été versés entre les mains de La Bouillerie.

Pour arriver à expliquer comment ces caisses nos 2 et 3, qui ne s'étaient point trouvées dans le trésor à Orléans, s'y trouvaient à Paris, on a prétendu que le général Bertrand, grand maréchal, n'ayant pu répondre aux questions de M. de la Bouillerie, on eut l'idée d'interroger le mameluck Roustam qui se trouvait à Orléans. « Roustam fit connaître que Napoléon, avant son départ de Paris, avait confié ces deux caisses à son frère Joseph... Les deux caisses furent réclamées à Joseph qui les rendit intactes. Elles furent ramenées à Paris, au travers des troupes russes et prussiennes par M. de La Grange, muni de sauf-conduits qui lui avaient été délivrés par le général Sacken. »

Ainsi, Roustam qui, en quittant Fontainebleau, s'est en allé tout droit à Paris, serait revenu à Orléans, et se serait trouvé là, à point nommé. Lui, dans son journal, ne dit mot de ce voyage, mais peu importe : il est au courant de ce qui touche aux diamants de la Couronne, mieux que le trésorier, le grand maréchal et sans doute l'Empereur même. Ces diamants, que l'Empereur considérait comme la suprême ressource, non pas pour lui-même, mais pour la nation, qui n'étaient déplacés qu'avec les formalités les plus minutieuses, Napoléon les eût fait — par un fiacre sans doute — porter au Luxembourg chez Joseph ; il n'aurait

demandé aucun reçu ; il n'aurait échangé aucune
lettre ; dans sa correspondance avec son frère,
jamais il n'y aurait fait allusion. Joseph n'a pourtant pas manqué de charger les deux caisses sur la
croupe de son cheval lorsqu'il a quitté Paris, et,
ni à Blois, ni à Orléans, il ne s'est souvenu qu'il
eût reçu un tel dépôt !

Tout rend cette lettre suspecte et ce récit impro-
bable : La Bouillerie n'a-t-il pas d'ailleurs accompagné le trésor de la Couronne ? Pasquier dit :
« M. Dudon n'avait eu aucune peine à faire revenir à Paris le trésor et M. de la Bouillerie qui ne
demandait pas mieux que de le ramener » ;
Semallé ajoute : « Après la reprise du trésor,
Monsieur remercia M. de la Bouillerie et ajouta
qu'il était libre de rejoindre son maître ». Donc,
La Bouillerie était présent lors de l'arrivée du
Trésor. Il ne fit à ce moment aucune déclaration
de carence. « Il offrit de faire l'inventaire du trésor et d'en rester dépositaire jusqu'à l'arrivée du
Roi. » Il ne manquait donc rien à ce trésor.

Semallé lui-même, quoique adoptant sur presque
tous les points les allégations de La Grange, se
montre ici incrédule : « Les caisses, dit-il, rejoi-
gnirent le trésor, mais seulement après le départ de
M. de La Grange, qui précédait à Paris le convoi. »

Il faudrait encore admettre, si le récit de

Semallé était exact, que Vanteaux, qui alla prendre possession du convoi aux portes de Paris, sur l'ordre du comte d'Artois, ne se donna point le loisir d'interroger La Bouillerie ni son caissier sur la réintégration des caisses n°s 2 et 3, puisque, suivant Semallé, il vint ensuite lui demander des pouvoirs pour Maubreuil, lequel, à l'en croire, connaissait Roustam et proposait d'aller, muni des indications qu'il obtiendrait de lui, à la découverte des deux caisses. Et M. de Semallé ajoute qu'il refusa ces pouvoirs, « car M. de Maubreuil avait une réputation fâcheuse » et, « s'il avait éprouvé le zèle de M. de Vanteaux, il soupçonnait son entourage ».

Mais, comme on a vu, M. de Vanteaux n'avait aucun besoin des pouvoirs que distribuait l'ancien page du roi Louis XVI, puisqu'il avait reçu, de Monsieur, pour conduire le convoi aux Tuileries, une commission qui invalidait les ordres donnés par M. de Semallé à La Grange. Aussi bien, les pouvoirs dont se targuait M. de Semallé étaient singulièrement fragiles, puisque le 16, Monsieur révoqua tous ceux qu'il avait précédemment donnés.

*
* *

Un point est acquis et c'est celui-ci : les membres

8

du Comité Vanteaux, les amis du comte d'Artois, se prévalant d'une lettre, peut-être apocryphe, de M. de la Bouillerie dans laquelle se trouvait allégué un fait controuvé, ont prétendu en tirer parti pour opérer sur les bagages des frères de Napoléon comme ils avaient fait sur ceux de Napoléon lui-même : si M. de La Grange avait reçu la confirmation de son grade hypothétique de colonel pour avoir contribué à dévaliser l'Empereur; si les millions de l'Empereur avaient paru de bonne prise à M. le comte d'Artois et lui avaient servi à récompenser ses fidèles, pourquoi laisserait-on sortir de France les beaux diamants et le bel argent que se disposaient à emporter les frères de l'Empereur? En les prenant, ne s'assurait-on pas des titres à la reconnaissance de Monsieur, et, s'il s'en détournait quelque chose, ne serait-ce pas un dédommagement aux sacrifices qu'avaient faits pour la cause royale MM. de Vanteaux et de Geslin et M. de Maubreuil?

Les frères de Napoléon, dira-t-on, étaient sous la protection du traité du 11 avril dont l'article xiv leur assurait le libre passage, à eux, à toutes les personnes de leur suite et à tous leurs équipages; mais, dans cet article xiv, l'Empereur et l'Impératrice n'étaient-ils pas compris? L'article xi ne garantissait-il pas à l'Empereur la propriété des fonds provenant de la Liste civile? Violé sous les yeux mêmes du représentant de l'empereur de Russie, qui avait donné son approbation au vol du trésor, pourquoi le traité serait-il inviolable ailleurs? Il y aurait là, en vérité, une forme de scrupules bien peu compréhensibles chez des gens qui ont chouanné, qui ne veulent aucun pacte avec Bonaparte et ses partisans et qui trouvent, dans l'impunité dont les font jouir les Puissances signataires du traité de Fontainebleau, un encouragement formel à renouveler leurs attentats.

L'homme qui a reçu de Monsieur, comte d'Artois, l'ordre de détourner sur les Tuileries, pour y être pillé, le trésor particulier de l'Empereur, que le Gouvernement provisoire — seul gouvernement légal — attendait pour faire marcher la machine administrative, politique, militaire, a-t-il dû faire un grand effort avant d'obtenir un ordre semblable pour courir sus aux frères de l'Empereur? Lorsque le 13 ou le 14, Vanteaux recevait l'ordre d'amener aux Tuileries le convoi du colonel Janin et que, le 14, il remplissait cet ordre à la satisfaction de Monsieur, Monsieur n'avait de pouvoirs que ceux qu'il tenait de son frère; néanmoins il n'avait point hésité à recevoir le trésor qu'on lui apportait. Le 14 au soir, le Sénat a déféré à Monsieur la Lieutenance Générale du Royaume, et le Gouvernement provisoire lui a remis l'exercice de l'autorité; le 16 au matin, Monsieur a constitué un Conseil d'État provisoire, nommé un secrétaire d'État, révoqué toutes les commissions particulières et interdit à tous ceux qui en étaient revêtus d'en faire usage.

Or, ce même jour 16, le général Dupont, ministre de la Guerre de Monsieur, et non plus du Gouvernement provisoire, remet à M. de Maubreuil l'ordre suivant : « Le ministre de la Guerre autorise M. de Monbreuil à se présenter près des autorités militaires et à requérir la force armée pour l'exécution des mesures qu'il est chargé de prendre pour le service de Sa Majesté Louis Dix-Huit. »

Et, le lendemain 17, les ordres du ministre de la Guerre sont corroborés par un ordre de M. le comte Anglès, ministre de la Police, mettant à la disposition de M. de Montbreuil, chargé *d'une mission secrète*, « les autorités administratives chargées de la police »; par un ordre de M. de Bourrienne, directeur général des Postes, enjoignant aux maîtres de poste de la route de Paris à tout autre lieu de fournir à M. de Monbreuil, *chargé d'une mission importante*, le nombre de chevaux dont il aura besoin et « de prendre toutes les mesures pour que le voyage de M. de Monbreuil

n'éprouve pas le plus léger retard » ; par un ordre
de M. le baron Sacken, général d'infanterie russe,
gouverneur de Paris, autorisant M. Monbreuil à
requérir les troupes de Sa Majesté Impériale
Russe et enjoignant aux commandants des troupes
de les mettre à sa disposition pour l'exécution de
sa mission[1]; par un ordre du major baron de Brockhusen, enjoignant à MM. les commandants des
troupes alliées de fournir à M. Monbreuil, sur ses
demandes, les troupes qu'il requerra pour l'exécution de sa *haute mission*[2].

A qui fera-t-on croire que ces ordres, depuis

[1] « Le porteur du présent, M. Monbreuil envoyé par le ministre de
la Guerre est chargé pour les affaires de Sa Majesté Louis XVIII,
lui donner par tout libre passage et procurer toute assistance.

Paris, le 5 avril 1814 (*date style russe*).

Gouverneur général militaire, général d'infanterie,
Signé : SAKEN. »
(*Traduit du russe*).

[2] « M. Monbreuil, qui est chargé par le ministre de la Guerre de
France, de voyager en France pour affaires importantes, reçoit
la présente attestation pour pouvoir voyager selon sa volonté et
sans obstacle. Si icelui avait besoin de troupes pour sa défense
et qu'il en fît la réclamation, le général d'infanterie russe, gouverneur de Paris, Mons. le baron de Sacken prie toutes les autorités militaires de vouloir bien accorder ces troupes sur le champ.

Paris, le 17 avril 1814.

Signé : Baron DE BROCKHUSEN,
Major et adjudant, par ordre de M. le Gouverneur dusdit. »
(*Traduit de l'allemand*).

*Nous reproduisons, en fin de ce volume, les ordres des ministres français,
d'après les fac-simile donnés par M. de Savignon, avocat général près la
Cour de Douai lors de la publication du Discours qu'il avait prononcé à
l'audience solennelle de rentrée du 17 octobre 1892. (Douai, 1892, in-8°.)*

celui de Dupont jusqu'à celui de Brockhusen, sont des ordres de complaisance, signés à la volée, sur un coin de table, sans qu'on les lût, comme une permission de la nuit pour un soldat de deuxième classe. On mettrait l'armée française, la police, la poste, l'armée russe, toutes les armées alliées à la disposition d'un inconnu dont l'unique exploit a été de traîner dans la boue le ruban et l'étoile de la Légion, sans que cet inconnu ait justifié d'aucun mandat, sans que, pour mettre en mouvement toute cette machine, il ait eu autre chose à faire que se présenter, — et cela alors que « Charles-Philippe de France, fils de France, Monsieur, frère du Roi, lieutenant général du Royaume » décrète et légifère aux Tuileries, que les ministres sont *ses* ministres, que tous pouvoirs ont été par lui enlevés à ses anciens commissaires, et que, seul, il est revêtu d'une autorité dictatoriale qu'aucune constitution et aucune charte ne limite. L'ordre donné à M. de Vanteaux explique, commente, prouve l'ordre donné à M. de Maubreuil : l'un est la suite et la conséquence de l'autre : l'un est retrouvé, l'autre a été soustrait, peut-être détruit : mais l'un et l'autre avaient le même signataire — et c'était Monsieur, comte d'Artois.

Mais sur quelle voie découplera-t-on la meute?

La Gazette de France annonce sous la rubrique *Paris, 18 avril,* que « Joseph et Jérôme Bonaparte ont réuni dans les environs d'Orléans un certain nombre de déserteurs et de maraudeurs avec lesquels ils cherchent à faire une guerre de partisans ; qu'ils sont tombés à l'improviste sur quelques villages auxquels ils ont fait payer des contributions énormes ; qu'on va se mettre à leur poursuite et en purger le pays ».

Voilà le rapport. Par là, s'il y a bagarre ou assassinat, on est couvert [1]. Ce seront les frères Bonaparte qui auront commencé. Mais les organisateurs de l'affaire — ceux qui entendent en profiter — préfèrent que les choses se passent en douceur. On a réussi le coup sur Marie-Louise qui n'a point résisté, point crié, point réclamé, qui s'est laissé dépouiller en remerciant presque, n'est-il pas une autre femme que l'on puisse trai-

---

[1] Il est remarquable que cette note ne repose sur aucun fait, même sur aucun bruit. Il y a mieux : elle se trouve formellement contredite par le rapport du général Hamélinaye au ministre de la Guerre, en date d'Orléans le 18 avril : « Je n'ai pas lieu de croire que les frères de Napoléon qui se trouvaient ici avaient eu la moindre part, ni directe, ni indirecte, à ces mouvements. Jérôme est parti depuis quelques jours ; Joseph est le seul qui soit resté à Orléans. Je ne les ai vus ni l'un ni l'autre, mais j'ai fait observer leur conduite par le commandant de place et par le commandant de la gendarmerie ; *il ne m'est parvenu aucun rapport qui ait pu motiver la moindre inquiétude à leur égard.* »

ter comme on a fait l'Impératrice et qui mettra autant de bonne grâce à être volée?

* *

Catherine de Westphalie est arrivée d'Orléans à Paris le 10 sur les minuit [1]. Envoyée par son mari, elle est venue, quoique enceinte de cinq mois, pour réclamer des souverains alliés, en compensation du trône de Westphalie, une principauté et des indemnités. En même temps, elle compte arranger ses affaires, liquider une partie de son train, organiser l'administration de ses biens et vendre à la Russie la galerie de tableaux du cardinal Fesch. « C'est une occasion que l'empereur saisira et qu'il est difficile de retrouver. »

Elle est descendue à l'hôtel du cardinal Fesch, à la Chaussée d'Antin. Dès le 21 au matin, elle écrit à « son très cher cousin » l'empereur Alexandre, pour le prier de bien vouloir lui indiquer le moment le plus favorable pour le voir. Alexandre, avec son habituelle galanterie, l'a prévenue en se mettant à ses ordres. Passeports, sauvegarde, officier

[1] Sur les motifs du voyage de Catherine à Paris, sur ce qu'elle y a fait, sur ses entrevues avec l'empereur Alexandre, le ministre de Wurtemberg et le prince royal, je suis obligé de renvoyer le lecteur aux chapitres XXXI et XXXII de mon livre : *Napoléon et sa famille* (tome X en préparation).

pour accompagner Jérôme en Suisse, il donne tout ce qu'elle désire — même des promesses vagues d'une principauté. Mais le prince de Wurtemberg, auquel la reine s'est adressée pour lui recommander ses intérêts et lui annoncer qu'elle compte, ainsi que son mari, demander momentanément un asile à son père, répond par de vilaines paroles, un refus catégorique de la recevoir, des malédictions et des injures contre Jérôme. Le comte de Wintzingerode, père de l'ancien ministre de Westphalie, à Paris, resté lui Wurtembergeois et ministre de Wurtemberg, vient de son chef, à ce qu'il dit, lui proposer de quitter son mari. Catherine, indignée, le met à la porte. Elle ne peut croire que son père approuve ce que lui ont dit le prince royal et le ministre. Si elle doit renoncer à l'hospitalité paternelle, au moins gardera-t-elle son mari. « Eût-il été pour moi le plus mauvais des maris, m'eût-il rendue malheureuse, écrit-elle à son père, je ne l'abandonnerai pas dans le malheur, et je ne mériterais ni votre estime ni la sienne, si j'étais capable d'un pareil procédé. »

Mais, c'est par ordre du roi que le prince royal et le ministre lui ont parlé comme ils ont fait et le roi lui-même lui enjoint de se séparer. « Suivez, lui écrit-il, l'exemple que vous donne la fille de l'empereur François : elle descend de plus haut que vous, elle est mère comme vous allez l'être et elle retourne auprès de son père, au sein de sa famille. Faites de même et venez dans les bras d'un tendre père. » Fièrement, en digne fille qu'elle est de ce despote, Catherine oppose une résistance invincible à une volonté implacable. Où ira son mari, elle ira ; l'exil, la proscription, la misère, elle acceptera tout pourvu que ce soit avec lui.

Sa présence à Paris commence à étonner et on en jase. Elle a réglé ses affaires, payé partie des dettes, vendu des voitures pour 9.800 francs, des chevaux pour 79.558 francs, des actions de la Banque pour 52.069 francs ; elle a organisé l'administration des deux terres que Jérôme a si follement achetées en France à la fin de 1813 ; elle n'a guère d'espoir d'obtenir d'Alexandre des paroles plus formelles, car toutes les questions sont remises jusqu'au Congrès. D'autre part, des avis lui font craindre que le prince de Wurtemberg ne veuille la faire enlever pour la conduire bon gré mal gré à Stuttgart, et des hommes à mauvaise figure rôdent autour de son hôtel et interrogent les domestiques. Enfin, elle veut tenter de rejoindre Jérôme au château de la Motte-Beuvron, chez le comte Mostowski, où il s'était réfugié en quittant Orléans et où il a dit qu'il l'attendrait.

Sans se rendre compte que, pour fuir un danger

peut-être imaginaire, elle en affronte un bien réel, elle part de Paris, dans la nuit du 17 au 18, munie de passeports de toutes les puissances, mais sans escorte, sans même un officier pour l'accompagner. Dans sa berline à six chevaux, que précède un courrier, prennent place avec elle la comtesse de Bocholtz, sa grande maîtresse, le comte de Furtenstein, Le Camus, l'ancien ami du Roi et son ministre des Relations extérieures, et la comtesse de Furstenstein, née Hardenberg, dame du palais. On a empilé dans la voiture dix cassettes contenant les diamants et les bijoux de la reine, un grand nécessaire du roi renfermant ses diamants, dont Jérôme a emporté la clef, et une douzième cassette où sont, en rouleaux, cent mille francs en or pour le voyage. Cinq voitures à quatre chevaux, pour les serviteurs de tous ordres, suivent la berline.

Pour atteindre le Motte-Beuvron, la reine roule sur la route d'Orléans qui, au sortir de Paris, traverse Longjumeau, Montléry et Étampes. A Étampes, où elle n'arrive que le 18 dans la nuit, car il lui faut à chaque relais vingt-sept chevaux pour son convoi et ce n'est point une médiocre affaire de se les procurer, elle trouve un courrier de Jérôme. Jérôme l'avertit que, par crainte des « réacteurs royalistes », il n'a pu l'attendre à la Motte-Beuvron, et qu'il est parti pour Berne. Catherine

pour le retrouver, doit donc rejoindre la route de
Dijon, mais, pour le faire, elle n'a qu'une traverse
en mauvais état qui, descendant d'abord à Pithiviers, remonte à Malesherbes et tombe à Bouret,
sur la route du Bourbonnais. Bouret est la poste
intermédiaire entre Fontainebleau, au nord — où
l'on trouve la route de Sens, Joigny, Auxerre qui,
à Rouvray, détache un embranchement sur Dijon
et de là sur la Suisse — et Nemours au midi, —
d'où l'on irait par Montargis, Briare, Cosne, la
Charité, Nevers et Moulins sur Lyon. Elle arrive à
grand'peine à Bouret, car, sur les traverses, les relais sont mal fournis, mais, au lieu d'aller, comme
on s'y attendrait, coucher à Fontainebleau, elle
descend la route et vient à Nemours, — parce que
à Fontainebleau, il y a l'Empereur, que l'Empereur n'a point pardonné à Jérôme ses derniers actes
en Westphalie, sur le Rhin, à Compiègne et à
Stains, qu'il a refusé de le recevoir, qu'il a défendu
à l'Impératrice de le voir, et même de voir sa
femme; qu'il ne peut trouver bon que Catherine en
allant à Paris ait enfreint ses ordres, enfin qu'il
n'est pas bon à rencontrer lorsqu'on sollicite une
principauté des souverains alliés.

Le 20, l'Empereur, parti de Fontainebleau traverse Nemours, où, quoi qu'on en ait dit, il ne
voit pas sa belle-sœur. Catherine y est retenue

toute la journée par le manque de chevaux. Dans la nuit du 20 au 21, elle part, remonte à Fontaine-bleau et prend la route de Sens, qui passe d'abord par Fossard, Villeneuve-la-Guiard, et Pont-sur-Yonne. Le 21, à six heures du matin, jour frisant, un quart de lieue avant la poste de Fossard, les postillons s'arrêtent. Huit chasseurs ou mameluks de la Garde, commandés par un maréchal des logis, barrent la route. Deux officiers se détachent, un colonel de hussards — c'est Maubreuil — un officier de la Garde nationale — Dasies, son complice.

*
* *

Depuis que la reine est à Paris, Maubreuil ne l'a pas perdue de vue. Dans la maison, il a gardé quelque accointance avec des hommes de l'écurie : le nommé Feauger, ex-piqueur de la reine, « homme à tout entreprendre pour de l'argent », à chaque mouvement qui se fait à l'hôtel, va le trouver dans un des quatre ou cinq logements qu'il a à Paris, un tout près, rue Taitbout. De plus, il est en rapport avec Carréga, le frère de Mme La Flèche, ancienne maîtresse de Jérôme, qui est retirée à Versailles. Il voit familièrement le général baron de Hammerstein, son ancien colonel, qui lui fait des visites prolongées. Lui-même, « depuis quelques jours avant le départ de la reine est venu à différentes fois au palais du cardinal Fesch pour s'informer à quelle époque elle devait partir » : il a cherché à pénétrer dans l'intérieur, si bien que la reine, alarmée par ce constant espionnage qu'elle attribue aux Wurtembergeois, a fait part de ses inquiétudes à M. Hainguerlot [1], lequel lui a fortement conseillé de ne pas partir sans une escorte.

Maubreuil, depuis le 2 avril, s'est assuré deux complices. L'un est un nommé Henry Dasies, qui vient aussi des Vivres-viande et fut employé par Vanteaux au service de l'armée de Catalogne. C'est un garçon de trente-huit ans, originaire de Marmande, noble tout frais, car son père, Pierre Dasies, ayant été capitoul de Toulouse en 1773, s'en est

---

[1] Hainguerlot aussi paraît en rapport avec Maubreuil et Colleville. On lit dans l'interrogatoire de Colleville :

D. — Quelle est la personne qui vous a accompagné (le 17) jusqu'à la porte de Maubreuil ?

R. — Le sieur Hainguerlot, bourgeois de Paris, qui demeure rue Poissonnière, 50.

J'ai indiqué à diverses reprises dans *Napoléon et sa famille*, etc., particulièrement IV, 25 à 327, les rapports établis entre Elisa-Jérôme et Hainguerlot. Il paraît certain que Hainguerlot a joué durant tout l'Empire un rôle resté jusqu'ici mystérieux, mais quant à ses relations avec Jérôme, si onéreuses à celui-ci, j'aurai à m'en expliquer par la suite et les papiers que je possède m'en fournissent tous les moyens. Pour le moment, j'avoue ma surprise en trouvant Hainguerlot en liaison avec Colleville et avec Maubreuil.

trouvé anobli. D'ailleurs, grand joueur, grand coureur, vivant d'expédients, tout ce qu'il faut pour être l'associé de Maubreuil. Il était avec lui et avec Semallé à la colonne Vendôme le 31, et il a déclaré qu'il suivrait Maubreuil partout. L'autre, c'est Colleville; mais, à Colleville, Maubreuil, qui se méfie, ne distribue qu'un rôle secondaire. S'il le joue bien, il sera colonel. Dasies aussi, mais pour celui-ci, le rôle sera plus compliqué, exigera de l'aplomb, du verbiage et de l'audace. Avec ces deux hommes, ses deux domestiques, Le Barbier et Fraitur, et le domestique de Dasies, Muller, c'est toute la bande.

Dasies, pouvant avoir à paraître seul, doit être accrédité. Le 17, alors qu'il a ses instructions et ses pouvoirs, Maubreuil conduit Dasies chez le ministre de la Guerre. Il est reçu par Dupont dans son cabinet; il a avec lui, en aparté, une conversation fort longue et, « au moment de prendre congé, il lui dit en désignant Dasies : Monseigneur, voilà la personne que j'emmène avec moi ; dans le cas où il fallût que monsieur se séparât de moi, il serait à propos qu'il eût le double de mes ordres. Le comte Dupont approuve et expédie sur-le-champ les doubles. Après avoir fait signer les ordres par qui de droit, il les remet à Dasies ». Maubreuil et Dasies ajoutent : « Le ministre recommanda à Dasies de suivre exactement les ordres de Maubreuil ; il autorisa Dasies à porter l'uniforme de lieutenant-colonel et lui en promit le brevet au retour de l'expédition : enfin, s'adressant à haute voix à Maubreuil, il dit : Vous penserez à faire rentrer les trésors et les diamants de la Couronne que *cette canaille* emporte, et principalement les caisses numérotées 2 et 3. »

Cette phrase attribuée à Dupont, c'est l'alibi que se prépare Maubreuil, peut-être de concert avec Dupont. Car Dupont ne peut ignorer que *tous* les diamants de la Couronne sont aux mains de Monsieur, aussi bien que le trésor de l'Empereur : de qui entend-il donc parler lorsqu'il dit « *cette canaille* ». Est-ce de Joseph ou de l'Empereur ? Ce ne saurait être de Catherine : on se refuse à penser qu'un général français outragerait ainsi une femme. Joseph ne compte guère, mais l'Empereur, que Dupont, à jamais déshonoré, poursuit de toute sa haine ?

Le 18 au matin, Maubreuil qui, sous prétexte d'un paquet à faire parvenir au roi Jérôme est venu à l'hôtel avec Dasies, s'informer de l'heure où partira la reine, apprend qu'elle est partie dans la nuit. A midi, il part en chaise de poste sur ses traces avec Dasies, envoyant en avant, à Fontainebleau, Colleville qui doit les rejoindre à Orléans.

Suivant la piste, grâce aux retards que la reine éprouve à chaque poste, il prend la route d'Orléans, puis celle de Pithiviers où il retrouve Colleville qu'il laisse à Nemours pour surveiller Catherine ; il remonte à Fontainebleau, s'engage sur la route de Sens, et, arrivé à Fossard, qui est la croisée des routes de Fontainebleau et de Melun, il court une demi-poste sur la route de Melun jusqu'à Montereau où il sait trouver des corps de la Garde.

Est-il ou non au courant des pourparlers engagés par MM. de Semallé et de Polignac avec le capitaine Hamaouy, nommé colonel par les commissaires de Son Altesse Royale Monsieur et confirmé dans son grade par Monsieur lui-même ? Pense-t-il trouver à Montereau l'homme qui a proposé d'apporter la tête de Napoléon dans un sac ? N'a-t-il pas, là même, dans les Chasseurs, M. de Tryon, son parent, lequel, s'il est le fils d'un Tryon, chambellan de l'Empereur, doit tenir de tout près au Detryon, associé, prête-nom ou successeur de Maubreuil dans l'exploitation de la fabrique d'huile de la rue Saint-André-des-Arts, que tenaient jadis Vanteaux et Geslin et où ils sont sans doute encore intéressés?

Ce n'est pas Hamaouy qu'il rencontre, mais le commandant Kirmann, commandant de l'escadron — un héros, mais qui entend garder ses galons. Maubreuil se donne à lui pour un aide de camp du ministre de la Guerre, présente Dasies comme tel, invite Kirmann à déjeuner, l'éblouit et le conquiert. Après déjeuner, il s'en va au château de Courbeton où est un poste de Cosaques, montre les pouvoirs qu'il a reçus de Sacken et se fait reconnaître. A dix heures du soir, il sort de Montereau à cheval, escorté de huit mameluks et chasseurs que lui a donnés Kirmann. A onze heures, il est à Fossard, s'empare de l'auberge, place des vedettes en avant et pose des sentinelles aux portes.

Le 21, à cinq heures du matin, il est sur la route avec sa troupe et se porte à un quart de lieue en avant de Fossard. A six heures, la berline de la reine est signalée. Maubreuil et Dasies font signe aux postillons. Ils s'avancent à la portière, demandent la reine, lui notifient « qu'elle est arrêtée au nom de Sa Majesté le roi Louis XVIII et qu'ils sont chargés par les autorités supérieures de visiter sa voiture et de s'assurer si elle ne renferme pas une cassette n° 3 qui contient les diamants de la Couronne. La reine se récrie. Furstenstein demande à voir leurs ordres. Maubreuil lui en présente un, écrit sur une feuille double de papier ordinaire, en le priant de ne pas retourner la feuille sur le revers de laquelle est écrit, dit-il, un autre ordre extrêmement important. Fursteinstein lit : « M. de Maubreuil est autorisé à requérir la force armée

pour l'exécution de la mission qui lui est confiée »,
mais il n'a le temps, ni de vérifier le texte ni de
distinguer la signature, Maubreuil ayant aussitôt
retiré le papier. Celui-ci n'agirait pas autrement
si ses ordres étaient supposés et c'est là la pensée
qui vient tout de suite aux voyageurs : Ils ont
affaire à des bandits de grand chemin déguisés en
soldats.

Furstentein fait observer à « ces Messieurs »
que leurs ordres ne peuvent concerner Sa Majesté
et il leur exhibe, en même temps, les passeports
français, russe et autrichien dont elle s'est munie,
Ils refusent d'y jeter les yeux, font rétrograder les
voitures de suite que deux mameluks sont chargés
de surveiller et ils conduisent sous escorte la seule
voiture de la reine à Fossard. Après un quart
d'heure d'attente, ils obligent la reine à descendre
dans une vaste écurie attenant à l'auberge de la
poste. Ils placent aussitôt à la porte deux faction-
naires, sabre en main, et ils font porter dans cette
écurie les coffres et les effets qui étaient dans la
voiture. Puis, ils disparaissent, laissant la reine
et ses compagnons enfermés. Furstenstein, qui
a trouvé moyen de sortir sous un prétexte,
trouve Maubreuil attablé dans la cuisine de l'auberge, occupé à écrire une lettre qu'il remet à un
postillon en lui commandant de faire diligence.

Le postillon prend la route de Montereau et revient bientôt, disant qu'il n'a pas trouvé « le colonel ». Fureur de Maubreuil, qui ne ménage pas les épithètes et veut battre le postillon. Intervention vaine de Dasies pour le calmer. Dispute. Survient le « colonel » — c'est Kirmann — auquel on n'a pas tardé à remettre la lettre et qui s'est hâté de venir aux ordres. Il monte avec Maubreuil et Dasies dans une chambre de l'auberge, a avec eux un entretien d'un quart d'heure, et quitte Maubreuil, « après lui avoir serré affectueusement la main ». Peu après, arrive, de Montereau, un détachement de vingt à vingt-cinq chasseurs et mameluks commandés par un sous-lieutenant nommé Georges. C'est l'homme qu'il faut, le type « culotte de peau », comme on disait dans l'armée autrichienne, un brave garçon ne connaissant que la consigne, soldat depuis 91, ayant fait toutes les guerres, et ayant décroché l'épaulette seulement le 12 juin 1813.

Aussitôt, sur l'ordre de Maubreuil, des vedettes sont placées fort en avant sur les divers chemins qui aboutissent à Fossard, avec la consigne d'écarter les voyageurs et les passants. Maîtres de la place et sûrs de ne pas être dérangés, Maubreuil et Dasies se rendent à l'écurie, où, durant tout ce temps, la reine, assise sur une chaise de paille, a été tenue en surveillance.

Dasies décline son nom, sa qualité de commissaire du Gouvernement et demande à visiter les coffres. A ce moment, la reine, fixant Maubreuil, qu'elle semble reconnaître seulement, lui dit fort haut : « Quand on a mangé le pain des gens, on ne se charge pas d'une pareille mission ; ce que vous faites-là est abominable. » Maubreuil, malgré son aplomb, se déconcerte : « Je ne suis que le commandant de la force armée, dit-il, parlez au commissaire, je ferai ce qu'il ordonnera. » Et, comme Dasies donne un ordre à un chasseur : « Foutre ! Monsieur ! Vous êtes commissaire, ne sortez pas de vos fonctions, moi seul ici ai le droit de donner des ordres à la force armée. » Alors, Dasies dit à part à Furstenstein : « Vous voyez ce Maubreuil qui me maltraite. Eh bien ! à Paris, il rampe sous moi. Pour moi, ajoute-t-il, je laisserais volontiers passer la reine de Westphalie, mais ce Maubreuil est un démon et c'est lui qui commande ». Ils se sont partagé les rôles, mais ils les jouent mal. Il y a, « dans leur contenance et dans leurs discours, beaucoup d'embarras, d'incertitudes et de contradictions. » Tantôt, ils font semblant de se quereller, tantôt de s'apitoyer sur le sort de la reine et, pour un peu, ils deviendraient familiers.

Cependant, Dasies insiste pour visiter les coffres. « La reine ordonne à un valet de chambre de les

9.

ouvrir et de mettre à découvert tout ce qu'ils renferment. » C'est ainsi fait pour tous, sauf pour une grande caisse carrée, le nécessaire, dont le roi a la clef avec lui. On n'ouvre pas seulement les coffres à bijoux, mais jusqu'à un coffret qui contient l'écritoire de la reine et à une caisse où est son bidet de toilette. Catherine, alors, demande à M. Dasies si sa curiosité est satisfaite et si elle peut continuer sa route. Il répond que, pour plus de sûreté, il faut que les coffres soient examinés à Paris, où Maubreuil et lui ont l'ordre exprès de les faire transporter. La reine se récrie, déclare qu'elle ne peut se séparer ainsi de ses effets et qu'elle préfère retourner à Paris pour que l'examen ait lieu sous ses yeux. Ils s'y opposent et refusent aussi le valet de chambre qu'elle veut leur donner pour prendre soin de ses diamants.

A la fin, ils réquisitionnent une patache qui passe sur la route, y chargent toutes les caisses, jusqu'à celles du bidet et à un petit nécessaire. Les clefs étaient restées à terre, ils les empochent. Au moment de partir, Maubreuil avise, sur la chaise où la reine a été assise, la cassette où est renfermé l'argent du voyage. Il l'ouvre, voit les rouleaux d'or, consulte un instant pour la forme avec Dasies, s'en empare et va pour la placer dans la patache. « Est-il possible, dit la reine, que vous me laissiez

ainsi dépouillée de tout sur une grande route ? —
Madame, répond Maubreuil, je ne fais qu'exécuter
les ordres du Gouvernement. Je dois rendre vos
caisses intactes à Paris : Tout ce que je puis faire,
c'est de vous donner ma ceinture, elle contient
cent napoléons ». Et, d'un beau geste, il détache
sa ceinture et la tend à la reine. Furstenstein,
machinalement, la prend. Il devait la déposer à la
poste suivante aux mains du juge de paix ; elle
renfermait quarante napoléons bien comptés. Le
bandit était doublé d'un escroc.

Cette offrande faite à la galanterie française,
Maubreuil oblige la reine et ses compagnons à
monter dans la berline, met un cavalier à chaque
portière, ordonne aux postillons de prendre la route
de Sens, et de ne retourner sous peine de la vie ; il
enjoint au maître de poste de ne donner de chevaux à qui que ce soit pendant les trois heures
qui suivront et, après avoir vu la berline s'éloigner,
il remonte, avec Dasies, dans la chaise de poste qui
l'a amené la veille au matin : la patache, qu'escor-
tent neuf chasseurs ou mameluks sous le commandement d'un maréchal des logis va devant, et
Maubreuil suit dans sa voiture entourée par le
reste du détachement, le sous-lieutenant Georges
à la portière. On dirait le piquet d'escorte de
l'Empereur.

* *

A Villeneuve-la-Guiard, le relais suivant où elle arrive, la reine trouve un détachement de cavalerie wurtembergeoise et requiert la protection de l'officier commandant. Très émue des événements qu'elle vient de traverser et des outrages qu'elle a subis, elle adresse aussitôt un courrier à Jérôme et un à l'empereur Alexandre. Elle mande à l'auberge le juge de paix du canton de Pont-sur-Yonne, qui réside à Villeneuve, et lui dicte sa déclaration circonstanciée. Le lendemain 22, elle écrit à l'empereur Alexandre une longue lettre où elle raconte, dans un détail très précis, l'attentat dont elle a été la victime. « Je me mets, écrit-elle, sous la protection de Votre Majesté et réclame sa justice contre les brigands qui m'ont dépouillée de tout et m'ont abandonnée sur la grande route. Je suis forcée de m'arrêter ici à cause du choc affreux que j'ai eu à soutenir et qui a altéré ma santé. J'y resterai jusqu'à demain midi avant de continuer ma route ; j'espère que Votre Majesté voudra bien me faire donner quelques paroles consolantes... J'ose demander à Votre Majesté de vouloir bien faire assurer mon voyage pour que je puisse rejoindre le roi mon époux le plus promptement possible, en Suisse. »

Alexandre, dès le premier courrier qu'il a reçu de la reine, a envoyé Nesselrode porter au gouvernement de Monsieur des plaintes qui ressemblent à des ordres. Le jour même, il répond à sa cousine une lettre indignée : « Je puis garantir, écrit-il, que ce n'est qu'une bande de brigands et toute leur conduite doit le prouver à Votre Majesté. J'ai exigé du Gouvernement les mesures les plus promptes pour découvrir et punir exemplairement les coupables ; les ordres sont déjà partis en conséquence ». Il adresse à la reine le général comte Potocki pour se trouver dans sa suite et lui offrir ses services, « me reprochant beaucoup, dit-il, de n'avoir pas proposé à Votre Majesté quelqu'un pour son escorte en partant de Paris. Je suis vraiment chagrin de tout ce qui s'est passé et je la prie de croire que je mettrai tout le zèle possible dans la poursuite de cette affaire. »

Cela va mal pour les détrousseurs, quels qu'ils soient. Ils n'ont plus à compter sur les couronnes que le petit-fils de Henri IV s'est plu à tresser pour M. le marquis de La Grange et pour M. de Vanteaux. L'empereur Alexandre, dès qu'il s'agit de sa parente, entend les choses d'autre façon que lorsqu'il s'agissait de l'archiduchesse d'Autriche qui ne lui était de rien. Maubreuil vaut Dudon, mais, si Schouwaloff a laissé opérer Dudon, Alexandre interdit à Maubreuil de toucher à Catherine, la nièce et la filleule de l'impératrice-mère, sa propre cousine germaine. D'ailleurs, celle-ci crie et l'autre se tait. Pour l'autre, si quelqu'un doit réclamer, c'est son auguste père l'empereur d'Autriche, mais la Sacrée Majesté Impériale a bien trop affaire à visiter les Musées, la Monnaie, les Arts et Métiers, les Panoramas et les Cirques.

*
* *

En quittant Fossard, Maubreuil et Dasies n'ont pas jugé opportun de rentrer à Paris. Traversant Fontainebleau où ils ont rencontré, arrivant de Nemours, Colleville, que Maubreuil a congédié après l'avoir sans doute largement rémunéré, ils ont poussé jusqu'à Chailly, la prochaine poste. Là, Maubreuil a remercié le lieutenant Georges, auquel il a promis sa protection en l'avertissant qu'il reviendrait, et il n'a conservé de l'escorte qu'un maréchal des logis et deux mameluks. Puis, il a fait décharger toutes les caisses qui étaient sur la patache et les a fait porter dans une chambre où il a passé la nuit avec Dasies. Le 22 au matin, gardant seulement par devers lui le grand nécessaire du roi et la cassette renfermant l'argent de la reine — 84.000 francs — Il a fait recharger la patache

et, sous la conduite du maréchal des logis et des
deux mameluks, il l'a expédiée à M. de Vanteaux, 18, rue Taibout, avec cette lettre : « Je
t'envoie, mon cher Alexandre, tout un magasin de cassettes ; on m'a bien assuré que
les cassettes n° 2 et n° 3, qui manquaient à
l'envoi que tu as fait précédemment au château,
y étaient. Toutes ces caisses ont été prises sur
la reine de Westphalie, non sans peine, je
t'assure, et sans des menaces qui n'ont pu altérer
le zèle que je porte aux intérêts de notre Roi
qui doit avant tout retrouver ses bijoux et son
argent. Je suis à la poursuite d'autres objets plus
considérables. On est bien en peine de savoir ce
qui se passe. Le roi Jérôme et son frère font le
diable à Orléans. Ils ont armé aux environs les
paysans. Je les joindrai et je t'en conduirai un sous
peu. »

Inutile de souligner les mensonges : Maubreuil
savait à merveille que les diamants de Catherine
n'étaient pas les diamants de la Couronne. Il n'était
à la poursuite de rien. Jérôme était parti de la
Motte-Beuvron, le 16 au plus tard ; Joseph, d'Orléans, le 18. Comment, le 22, courir après eux ?
Maubreuil réédite, peut-être avec un amour-propre
d'auteur, les nouvelles de la *Gazette de France*,
pour se fournir un prétexte de s'attarder, car, avant

de livrer le reste du butin, il entend faire lui-même
sa part.

Vanteaux était à déjeuner rue Taitbout, avec
Geslin et Semallé, lorsque, à dix heures du matin,
la patache, escortée par le maréchal des logis et
les deux mameluks, fit son entrée dans la cour
de l'hôtel, où se trouvait un poste de gardes nationaux. Vanteaux sortit aussitôt, avec des démonstrations de joie, et annonça aux gardes nationaux
que c'était encore un trésor qui arrivait. Cette nouvelle fut accueillie avec enthousiasme. Vanteaux
fit alors porter les caisses dans une chambre voi-
sine de la sienne. Il constata qu'il n'y avait eu aucune effraction, aucune tentative d'effraction. Puis
il se rendit aux Tuileries, et, dans les appartements
de Monsieur, il rencontra le général Dupont,
auquel il fit part de l'arrivée des caisses. Il tint le
même langage au comte d'Escars et le comte
d'Escars lui dit de voir M. de Montciel, qui était du
secrétariat particulier. Deux heures après, Vanteaux revint et vit M. de Montciel, qui était avec
M. de la Maisonfort. Il leur parla des caisses qu'ils
l'engagèrent à déposer à la secrétairerie d'État. Il
dit qu'il y penserait.

Depuis la veille, le secrétaire d'État, M. de

Vitrolles était au courant de ce qui s'était passé. Le 21, pendant la séance du Conseil des ministres, il avait reçu, de M. de Nesselrode, une lettre où celui-ci témoignait tous les mécontentements de l'empereur Alexandre. « Cette arrestation par un parti de royalistes a eu pour résultat, disait Nesselrode, d'enlever à la princesse ses diamants, tout son argent et de la forcer à rétrograder sur Paris. » L'empereur réclamait prompte et exemplaire justice et désignait nominativement les deux chefs de l'expédition, Maubreuil et Dasies.

M. de Vitrolles, à l'en croire, passa derrière le fauteuil de Monsieur et mit sous ses yeux la lettre de Nesselrode. Le prince, sans présenter l'affaire au Conseil, dit, à voix basse, qu'on fît le nécessaire pour donner satisfaction à l'empereur Alexandre et à « la princesse de Wurtemberg ». Vitrolles sortit et ordonna à un des employés de la Secrétairerie d'État d'écrire sur-le-champ au directeur du Télégraphe et à l'Inspecteur général de la Gendarmerie pour transmettre partout l'ordre d'arrêter les deux individus dont il donnait les noms, en attendant qu'il fournît leurs signalements ; puis, il écrivit à Nesselrode en lui faisant part des mesures qu'il avait prises et « en repoussant avec quelque hauteur l'idée qu'un pareil acte pût appartenir au parti politique qu'on désignait sous le nom du parti royaliste. »

Le 22 au matin, il avait reçu des renseignements plus sûrs, car on trouve, sur son registre d'entrée de lettres, cette note : « MAUBREUIL, *ex-chouan*, a attaqué le 24 avril, à sept heures du matin, la voiture de S. M. la reine de Westphalie et lui a enlevé 100.000 francs en or et pour quatre à cinq millions de diamants. » Le registre renvoie au *Carton des pièces à conserver*. Le carton et les pièces ont disparu.

Au Conseil des ministres tenu le même jour, le maréchal Moncey, informé par la gendarmerie, a rendu compte du vol à main armée commis à Fossard, et Monsieur « a donné ordre aux ministres de la Guerre, de la Police et de la Marine, de faire poursuivre par tous les moyens les auteurs de cet attentat ». On peut s'étonner que ni Dupont ni Anglès n'aient demandé la parole à ce moment et qu'ils aient laissé s'égarer l'honnêteté de Moncey et de Vitrolles ; mais il paraît qu'ils reçurent de sang-froid les ordres du prince, réitérés par écrit, après la séance, par M. de Vitrolles, lequel « exprimait toute son indignation de cet odieux guet-apens ». Seul, le commissaire provisoire au département de la Marine prit l'ordre au sérieux et enjoignit, le 23, aux préfets maritimes d'arrêter un nommé Maubreuil dont il donnait le signalement.

Mais, si Anglès et Dupont étaient restés muets, d'autres parlèrent. « Quelque temps après, raconte M. de Vitrolles, M. de Dienne vint me dire que nous faisions peut-être trop de bruit d'un fait qui s'expliquait naturellement. Un M. de Vanteaux, qui lui était connu, venait de lui dire que M. de Maubreuil n'avait agi que par dévouement et en exécution de la mission qui lui avait été donnée à l'effet d'empêcher que les personnes de la famille de Bonaparte n'emportassent les diamants de la Couronne et l'argent des caisses de l'État, *qu'il était à Paris avec ses compagnons*, qu'ils avaient déposé chez lui-même toutes les caisses renfermant les diamants et l'argent de la princesse ; enfin, qu'il demandait ce qu'il fallait faire de ce dépôt. M. de Dienne insistait sur ce que j'avais pris cette affaire peut-être un peu trop vivement. Pour moi, je n'y voyais que la satisfaction de retrouver des objets qu'on avait cru perdus et de disculper aux yeux de l'empereur Alexandre ces royalistes qu'on cherchait tant à calomnier. Je donnai l'ordre d'apporter immédiatement ces caisses aux Tuileries et je m'empressai d'écrire à M. de Nesselrode que tous les objets enlevés si indûment à la princesse de Wurtemberg étaient rapportés par

ceux qui avaient, par erreur, causé ce désagrément
à leur propriétaire. »

Ainsi, M. de Vitrolles, à l'en croire, n'a jamais
vu Vanteaux. Il ne sait pas ce que c'est « qu'un
M. de Vanteaux ». Sans doute, à Nancy, Monsieur
lui a dit qu'un M. de Vanteaux, qui lui était
inconnu, lui avait ci-devant envoyé un M. de
Semallé qu'il ne connaissait d'aucune manière,
mais M. de Vitrolles a perdu de vue ce détail, de
même qu'il n'a point su ce qui s'était passé à Paris
le 31 mars. Pour le seul M. de Vitrolles, l'arrivée
du trésor de l'Empereur, amené par Vanteaux, a
passé inaperçue. Voilà à coup sûr qui est étrange,
car tous les hommes de l'entourage de Monsieur,
aussi bien le comte d'Escars, capitaine des Gardes,
que MM. de la Maisonfort et de Montciel, du cabinet particulier, auraient pu, comme M. de Dienne,
le renseigner sur ce personnage qu'il était le seul à
ignorer — et ils n'y ont pas manqué, sans quoi le
secrétaire d'État provisoire, pour apaiser la colère
fâcheuse de l'empereur Alexandre, eût-il eu la
légèreté d'affirmer que « tous les objets enlevés à
la princesse de Wurtemberg étaient rapportés »,
alors qu'il n'en tenait aucun, qu'il n'avait rien
vérifié, et que, à l'en croire, il marchait uniquc-
ment sur la parole de M. de Dienne? Ils l'ont si
bien renseigné qu'il sait, à n'en pas douter, qui

a donné la mission à M. de Maubreuil. M. de
Dienne, qui n'était point du Gouvernement provisoire, qui est arrivé avec Monsieur, qui est de
son cabinet, ne peut avoir aucunement connaissance d'une mission qui aurait été donnée par
M. de Talleyrand; il est naturellement au courant
de la mission donnée par Monsieur. A force de
vouloir faire l'ange, M. de Vitrolles fait la bête,
et c'est lui-même qui révèle ce qu'il aurait le plus
d'intérêt à cacher.

*
* *

M. de Vitrolles — Arnauld en son nom — était
un gentilhomme de famille parlementaire proven-
çale. On dit cette famille illustre : certes elle l'est
si, comme on l'affirme, elle a une origine commune avec les Arnauld d'Andilly et de Pomponne.
Il avait émigré, avait servi aux chevaliers de la
Couronne, puis avait essayé du commerce. Étant
en Westphalie, il y avait connu M. le baron Dalberg et M. de Nesselrode, dont la famille, comme
on sait, est de ces pays. Il y avait reçu des secours
de la duchesse de Bouillon, laquelle, embarrassée
d'une Mlle Theresia de Folleville qu'elle avait
avec elle et qu'on disait sa fille naturelle, la lui
avait donnée à épouser. Rentré et radié, il s'était

trouvé, moyennant cet argent, un seigneur dans les Hautes-Alpes. Par la grâce de l'Empereur, il y avait été maire, conseiller général, inspecteur des Bergeries et, en 1812, baron de l'Empire. Le préfet l'avait proposé ainsi : « Probe et attaché au gouvernement ; il a beaucoup de moyens et peut exercer une influence utile par sa fortune et la considération dont il jouit. » Il avait un peu vécu à Paris, avait été présenté à l'Empereur, était allé à Malmaison, mais le monde dans lequel il s'était poussé surtout, celui des Dalberg et de Talleyrand, n'avait rien à voir avec le petit monde royaliste, actif, intrigant, sans scrupules, où les besoigneux étaient en nombre et où un Vanteaux, parce qu'il était fournisseur, était roi. C'est Dalberg qui a employé Vitrolles, qui l'a mis dans son intrigue — intrigue cosmopolite où les aristocrates prenaient leur revanche de la Révolution, mais qui, plus criminelle vis-à-vis de la France, moins franche et moins brutale que la Conspiration royaliste de Vanteaux et des autres, était aussi plus propre d'apparence et recrutait dans d'autres milieux. Ce que Vitrolles a fait en province — peu de chose en réalité — l'empêche de voir ce que les autres ont fait d'immense à Paris. Introduit par Dalberg — qui est à présent du Gouvernement provisoire — dans l'entourage de Monsieur, il y est nouveau

venu et déplacé ; il n'est pas de la maison, n'en a
pas l'esprit, n'a pas compris que, depuis vingt ans,
Monsieur et ses amis ne rêvent que coups de
main, attaques nocturnes, arrestations de diligences et assassinats. Lui, qui est un royaliste
de salons, se trouve jeté au milieu des royalistes
de grandes routes. Il les tient pour suspects et il
leur est suspect. Dès le lendemain de l'arrivée, il
est aux disputes avec Polignac. Semallé le hait ; et
lui, affecte de le mépriser et de l'ignorer. Mais,
étant du Midi, comme il est, s'il est hâbleur, il est
fin. Il a le pied montagnard, tâte le sol avant de
s'y risquer. Sur la lettre de l'empereur de Russie,
dont il a senti toute la gravité, il s'est lancé en
avant. Ce sont des voleurs et il en fera bonne justice. Mais, derrière Maubreuil, il y a Vanteaux ;
derrière Vanteaux, Polignac. Ces voleurs, ce sont
les hommes du 31 mars, les hommes qui ont
occupé l'Hôtel de ville, imposé la cocarde blanche,
usurpé et dirigé les journaux, organisé l'enthousiasme royaliste, arraché par un coup à la Malet
la déchéance de l'Empereur en organisant devant
les Alliés la parodie d'un mouvement national.
Monsieur ne faisait point tant fi de ces voleurs lorsqu'ils lui apportaient le trésor volé à Marie-
Louise. M. d'Escars a reçu ce trésor de leurs mains,
par l'ordre de Monsieur. Voici M. de la Maison-

fort, **M.** Terrier de Montciel, **M.** de Dienne qui, charitablement, avertissent Vitrolles ; aussitôt, il fait retraite, mais il la fait un peu vite. Parce que **M.** de Vanteaux lui a fait dire ou lui a dit qu'il avait chez lui les caisses de la reine de Westphalie, il croit les tenir ; il écrit à Nesselrode qu'il les tient, qu'elles sont intactes, qu'il a les diamants, qu'il a l'argent, que, si l'on a dévalisé la princesse de Wurtemberg sur le grand chemin, c'est excès de zèle, qu'il y a erreur, qu'erreur n'est pas compte, et que les royalistes sont au-dessus de tous les soupçons.

* *

Durant que la patache roulait vers Paris, Maubreuil et Dasies, partant de Chailly, s'étaient dirigés sur Versailles. Ils y étaient descendus à une auberge à l'enseigne du *Merle blanc*, et avaient fait porter dans une chambre la cassette à or qui, disaient-ils, s'était brisée durant le voyage, et le grand nécessaire du roi. Peu après, Dasies était sorti pour acheter une boîte destinée à remplacer la cassette. Puis, il était allé chercher un serrurier pour ouvrir le nécessaire ; enfin, il s'était procuré de la ouate chez une mercière. Cela fait, les deux hommes s'étaient enfermés. Le soir, à onze

heures après avoir fait refermer le grand nécessaire du roi par le même serrurier qu'ils avaient
employé pour l'ouvrir, ils étaient rentrés à Paris.
Maubreuil avait déposé les deux caisses dans une
chambre, au 25 de la rue Neuve-de-Luxembourg,
qu'il avait fait louer par son domestique un mois
auparavant; puis, reprenant Dasies, il s'était, avec
lui, rendu chez Vanteaux, qui leur avait très chau-
dement adressé ses compliments et qui leur avait
montré les autres cassettes : il n'avait pas eu,
disait-il, le temps de les porter aux Tuileries
dans la journée. Il ne devait les remettre chez
Vitrolles que le 23 dans l'après-midi.

Vitrolles occupait un appartement au rez-de-
chaussée du pavillon de Marsan, à côté des bureaux
du Trésor de la Couronne. En partant, le 23, dans
l'après-midi, il dit que des caisses devaient lui
arriver et ordonna qu'on les déposât au Trésor.
Lorsque, dit-il, il rentra à six heures pour s'ha-
biller, il trouva sa chambre remplie de nécessaires
et de boîtes, s'étonna, se contenta pourtant des
bonnes raisons qu'on lui donna et, sans autre
information, fit porter ces boîtes dans un cabinet
dépendant de son appartement « dont la porte et
les fenêtres étaient restées fermées ». Mais en
même temps, il les compta, n'en trouva que neuf
au lieu de onze que réclamait Nesselrode et point

d'argent. Tout de suite il fit écrire à Vanteaux qu'il eût à rapporter les objets manquants, mais, sans s'arrêter à ce détail, il manda officiellement à Nesselrode que, les effets étant retrouvés, il le priait d'envoyer aux Tuileries, le surlendemain, à huit heures du soir, pour les reconnaître, quelqu'un qui eût la confiance de la princesse.

Quelque inquiétude lui est venue néanmoins au sujet de la bande à laquelle il a affaire et il écrit au préfet de Police, M. Pasquier, pour « le prier de vouloir bien lui donner tous les renseignements qu'il aurait et ceux qu'il pourrait se procurer sur M. de Vanteaux et sur M. Morin. Celui-ci, ajoute-t-il, est l'ami de MM. de Vanteaux et Semalet (*sic*). »

Depuis le matin, sept heures, Vanteaux a été averti des plaintes de Nesselrode, sinon par Vitrolles lui-même, du moins par ses amis du Cabinet de Monsieur. Il a reçu — de Vitrolles, prétend-il — l'avis de faire évader Maubreuil ; dans les bureaux, on lui a dit que, s'il savait où étaient Maubreuil et Dasies, il fallait les déterminer à partir sans délai. Maubreuil qui, à six heures du matin, est allé chez Roux-Laborie et lui a raconté son expédition, est rentré ensuite chez lui, rue Taitbout, et, de là, il a envoyé son domestique chez Vanteaux, le priant de venir le trouver. « Je ne peux pas y aller, a répondu Vanteaux. Va dire à ton maître que, s'il ne veut pas être fusillé comme un coquin, il me rapporte lui-même tous les diamants, bijoux et argent qu'il a pris à la reine de Westphalie. »

Dans l'après-midi, Vanteaux retourne aux Tuileries et y porte les cassettes qu'il a reçues de Chailly. — D'ailleurs il ne sort pas de chez Monsieur, entre partout, est intime avec tout le monde et a la confiance de chacun.

Pendant qu'il est aux Tuileries, Dasies se présente à son hôtel et est reçu dans le salon où se trouvent, avec Mme de Vanteaux, MM. de Geslin et de Semallé. Sous prétexte de causer plus librement, Geslin et Semallé le font monter dans la chambre de Vanteaux, et Semallé — qui semble avoir été mis hors de l'affaire Maubreuil, comme il avait été mis ci-devant hors de l'affaire du trésor — demande à Dasies « comment il a pu faire une expédition aussi prompte et aussi avantageuse à l'État, et qui lui a donné ses pouvoirs. » Comme il insiste, Dasies tire de sa poche trois papiers, signés par Dupont, par Anglès et par Bourrienne. « Aussitôt que j'eus ces papiers dans les mains, voyant qu'on avait abusé du nom du Roi et de celui de Monsieur, je me déterminai à m'emparer de ces papiers... Ayant toujours les papiers dans la main, je sortis de l'appartement sous prétexte d'aller donner des ordres au portier de ne laisser monter personne... Je remontai dans l'appartement, toujours muni des papiers. Je cherchai à gagner du temps par la conversation, afin que M. de Vanteaux pût arriver et avoir main forte sans faire d'éclat... Enfin, Dasies me redemanda ses papiers pour aller, disait-il, chercher M. de Maubreuil. Je les refusai, en disant que, le nom du Roi étant compromis, c'était mon devoir de les garder. Il se jeta sur moi pour me les arracher, mais il ne put y parvenir. M. de Vanteaux n'arrivant point, je consentis à lui rendre ses papiers. »

Sauf sur la lutte où Dasies déclare « qu'il saisit le porteur de ses ordres par la vigueur dont il appuya sa réclamation », le récit de Dasies concorde avec le témoignage de Semallé[1]; Semallé connaissait-il trop bien l'affaire et, la sentant compromettante, voulait-il détruire des preuves qui tournaient contre ceux qui l'avaient inspirée — ou bien, s'exaspérant d'être mis de côté et de n'avoir plus de rôle à jouer, voulait-il à tout prix se dis-

---

[1] Quant à la prétendue arrestation de Dasies par Semallé dont celui-ci fait état dans ses *Mémoires* (p. 204) il n'en est mention dans aucune des pièces du procès. On se demande d'ailleurs en quelle qualité Semallé eût arrêté Dasies et pourquoi celui-ci se fût laissé faire.

tinguer et se faire valoir, et avait-il imaginé qu'en s'emparant des papiers, il supprimait les responsabilités? Les deux hypothèses sont admissibles. Lui nie qu'il ait rien su. D'autres l'accusent d'avoir tout connu.

Vanteaux survenant conduit Dasies chez Vitrolles qui, après avoir pris copie des pièces dont Dasies est porteur, l'interroge et le congédie — sans même lui demander son adresse.

Maubreuil vient dîner chez Vanteaux et la conversation qu'il a, le détermine à rapporter, après dîner, le nécessaire du roi, d'abord de la rue Neuve-de-Luxembourg à son domicile officiel, 24, rue Taitbout, puis chez Vanteaux, au 18. De là, un nommé Gaudin, autre employé des Vivres-viande, le porte aux Tuileries, chez M. de Vitrolles.

Vers minuit, Maubreuil revient une troisième fois chez Vanteaux, accompagné de son domestique, portant quatre sacs à argent et quelques planches paraissant avoir formé une caisse semblable aux caisses d'eau de Cologne. « Eh bien! dit-il en entrant, la voilà cette sacrée caisse! Est-ce qu'on veut me chercher des poux à la tête? Elle a été cassée parce que le paysan s'est assis dessus. Je ne sais pas même s'il n'y avait pas cinq sacs et si le paysan n'en a pas volé un. »

Vanteaux et Maubreuil montent en voiture avec

10.

Gaudin et le domestique. Ils arrivent aux Tuileries entre une et deux heures du matin. Ils font réveiller Vitrolles « par le concierge du pavillon de Marsan », lui faisant dire qu'ils ont à lui parler pour affaires importantes. Vitrolles ordonne qu'on les introduise [1] « Deux personnes, raconte-t-il, que j'aperçus à peine en soulevant la tête de mon chevet et que je n'aurais pu reconnaître le lendemain, me dirent que j'avais réclamé une caisse et deux (?) sacs d'argent qui manquaient aux effets de la princesse de Wurtemberg et qu'ils s'empressaient de me les rapporter. Ils me présentèrent quatre mauvaises petites planches de bois blanc, semblables à celles d'une caisse de bouteilles d'eau de Cologne qui ne tenaient plus ensemble, mais qui étaient attachées par un cordon, et deux (?) sacs ordinaires de grosse toile qui paraissent pleins. Je me récriai sur la caisse qu'on apportait, en disant avec humeur que ce n'était pas une pareille boîte que réclamait la princesse. Ils me répondirent qu'il n'y avait pas autre chose, que cette caisse s'était défoncée en route... Je leur dis de poser ces morceaux de bois et les deux (?) sacs sur la console de ma chambre. »

[1] Il écrit dans ses *Mémoires* : « Nous n'étions pas en telle position qu'il fallût négliger les avis qui pouvaient arriver à toute heure. Bonaparte était encore à Fontainebleau ». Le 24 ! ! Ce jour-là, l'Empereur passait à Lyon !

Ainsi, à deux heures du matin, le secrétaire d'État reçoit, couché dans sa chambre, deux inconnus qui déposent des sacs sur une table de nuit et qui se retirent, sans qu'il ait demandé aucune explication, sans qu'il ait pris leurs noms, sans qu'il ait donné un reçu. En vérité, c'est là le gouvernement « paternel ».

Èt, le lendemain matin, quoiqu'il ait, en remuant machinalement un des sacs, constaté « qu'il était plein de petites pièces telles que des pièces de deux sols en monnaie de billon », quoiqu'il ait, alors, jugé à propos « d'appeler un des employés de ses bureaux pour apposer sur ces sacs le cachet de la Secrétairerie d'État », quoiqu'il ne puisse plus avoir le moindre doute que ces sacs ne contiennent pas les 84.000 francs en or volés à Fossard, il s'empresse d'écrire à Nesselrode que *tous* les effets de la princesse Catherine ont été retrouvés et que la remise en sera faite à la personne qu'elle aura désignée.

Aussitôt, par l'empereur de Russie, la reine est avisée que *tous* ses effets sont à sa disposition et, de Sens, où elle arrive le 25, elle écrit à Alexandre pour le remercier. Elle vient, dit-elle, de recevoir l'avis que *tous* ses effets, qui lui avaient été enlevés d'une manière aussi outrageante, étaient retrouvés et déposés à Paris. Elle annonce qu'elle compte se

mettre en route très tranquillement sous la conduite du comte Potocki, qu'elle remercie Alexandre
de lui avoir envoyé. Comme elle craint que les
pouvoirs qu'elle a donnés ne soient pas assez
étendus, elle les renouvelle d'Auxonne, le 28; nul,
en effet, ne sera mieux à même de reconnaître les
diamants du roi que le baron de Marinville, son
maître de la garde-robe, auquel était confié l'écrin
royal et, pour ses parures personnelles, nul ne
peut mieux les distinguer que Mme Malet de la
Rochette, sa lectrice, qui avait à Cassel le soin de
ses bijoux avant Mlle de Carondelet; — au reste, les
inventaires où, pierre par pierre, tout est détaillé
et numéroté, sont là pour faire foi.

Elle s'éloigne donc vers la Suisse, confiante en
la parole de Monsieur, lieutenant général du Royaume, transmise officiellement par le secrétaire
d'État au représentant de l'empereur Alexandre,
restaurateur des Bourbons.

« *Tous ses effets sont retrouvés et ils sont à la
disposition de la personne qu'elle aura désignée* ».

IV

LA PÊCHE MIRACULEUSE

Après que **M.** le baron de Vitrolles eût ainsi,
dans la matinée du **24**, annoncé à Nesselrode que
tous les effets de la reine de Westphalie étaient
chez lui — ce qui lui donnait la confiance légitime que la reine rassurée partirait, et, qu'une fois
la reine éloignée, l'empereur Alexandre se montrerait moins pressant et plus traitable, — il reçut
divers papiers qui durent lui donner à réfléchir.
D'abord cette lettre que Maubreuil lui avait écrite
le matin même :

« **En** sortant du palais, ma première pensée était
de vous adresser un rapport détaillé relatif à la
mission dont je viens d'être chargé. Je désirais
vous faire connaître les circonstances qui l'ont
précédée, accompagnée et suivie; mais, après
quelques réflexions, j'ai pensé ne pouvoir confier
au papier les communications que je crois devoir
vous faire à cet égard. J'ose donc monsieur le

baron vous prier de vouloir bien m'accorder une audience le plus tôt possible. »

Et il a signé : DE MAUBREUIL, *rue Taitbout,* *n° 24*[1].

L'autre lettre est la réponse de M. Pasquier à la demande de renseignements que Vitrolles lui a adressée la veille. Cette réponse est une note signée de Foudras, l'homme de police qui jadis savait le mieux le Paris de l'Empire et qui, en moins de vingt jours, paraît s'être mis singulièrement au fait du Paris de la Restauration. Il est vrai que c'est le même. Mais les conspirateurs, les aigrefins, les habitués des maisons publiques et des tripots, surveillés hier par la police, toujours prête à leur sauter au collet, sont à présent les maîtres de la France et les protecteurs des Bourbons. Foudras n'en écrit pas moins avec une louable sincérité :

« M. de Maubreuil est venu à Paris et est chez lui rue Taitbout, 24. M. Desies (*sic*) est de même revenu et est tous les soirs chez M. de Vanteaux, rue Taitbout, 18. Il paraît que l'expédition faite sur la reine de Westphalie le 21, entre Sens et

---

[1] Le même matin, Maubreuil a envoyé à Dupont et à Anglès des lettres analogues, mais à Dupont et à Anglès, il a écrit : « Je n'ai rempli ma mission qu'en partie et je n'ai pu atteindre cette fois le grand but que je me proposais et dont j'ai eu l'honneur de vous entretenir. »

Nevers, était ordonnée par M. de Semallé, agent du Roi, demeurant chez M. de Vanteaux. Les diamants et bijoux pris sur la reine ont été apportés avant-hier à cinq heures du soir, par ceux qui les avaient enlevés, MM. de Maubreuil, Desies et autres. On assure que S. A. R. le comte d'Artois a été informé de toute cette affaire et y a donné son consentement. Les diamants et l'argent de la reine sont déposés aux Tuileries.

« MM. de Vanteaux et Semallé s'applaudissent beaucoup d'avoir dirigé cette opération qui, suivant eux, est fort brillante. Cependant on donne pour certain que les envahisseurs ont traité fort rudement l'ex-reine de Westphalie et n'ont eu pour elle aucune espèce d'égards.

« M. de Maubreuil et M. de Vanteaux paraissaient mortellement brouillés, il y a deux mois, mais, à présent, ils sont redevenus amis inséparables. M. de Vanteaux paraît être en grande faveur à la cour de S. A. R., en avoir reçu la croix il y a trois jours, être désigné pour lieutenant-colonel de sa garde. Dans leur voisinage, on rend justice au zèle que ces messieurs montrent pour la bonne cause, mais on les croit intrigants, fort remuants et pleins de prétentions pour eux et leurs amis.

« M. Morin qui a été quelque temps directeur des journaux dans les premiers jours d'avril, est l'ami

et le coopérateur de MM. de Vanteaux, de Semallé,
de Maubreuil, etc. »

Un rapport de police de ce style et de cette précision, où chaque mot porte, où chaque fait allégué est vérifiable et se trouve exact, n'est point
chose indifférente. S'il avait ignoré jusque-là à qui
il avait affaire, M. de Vitrolles le savait à présent.
Il y avait de quoi le rendre prudent et, d'autre part,
le ton dont écrivait Maubreuil n'indiquait pas un
homme qu'on intimide, qui se sent abandonné et
qui implore une grâce. M. de Vitrolles n'était pas
si bien affermi dans une place où un étonnant
coup de fortune l'avait porté, et il n'y tenait pas
si médiocrement qu'il ne dût faire des réflexions.
Aussi, lorsque, à midi, Maubreuil, ce voleur dont
le signalement et l'ordre d'arrestation n'avaient
été transmis, il est vrai, qu'aux préfets maritimes, se présenta chez le secrétaire d'État, il fut
immédiatement reçu. « Il était, a dit Vitrolles,
grand, bien fait. Les traits de son visage étaient
assez beaux, mais l'expression en était dure et
insolente. »

Vitrolles [1], qui le laisse debout, lui reproche

[1] Les récits de Vitrolles sont pleins d'inexactitudes, peut-être
méditées, de contradictions fortuites et d'omissions voulues. Il
altère tout, faits, dates, personnes, nombres; tout tourne à une
justification inutile, en ce qui touche sa participation directe à
l'attentat, essentielle en ce qui touche la participation de Monsieur.

très vivement l'embarras dans lequel il les a mis
vis-à-vis de l'empereur Alexandre qui, à ce sujet,
accuse les royalistes de violence et d'indélicatesse.
Maubreuil s'excuse d'abord sur la mission qu'il a
reçue d'empêcher la famille de Bonaparte d'emporter de France des trésors ou des objets précieux appartenant à la Couronne. Vitrolles répond
« qu'il lui aurait été facile de distinguer les parures d'une princesse des diamants de la Couronne
et l'argent qu'elle portait pour son voyage des
trésors qu'on pouvait craindre de voir enlever à
la France ». Le ton s'élève de part et d'autre,
Maubreuil ne cédant rien, jusqu'à ce qu'il dise
avec une sorte d'audace grossière : « Si dans tout
cela on veut me compromettre, j'en compromettrai
bien d'autres. » Et comme Vitrolles lui répond :
« Je ne sais ce que vous voulez dire, monsieur, mais
de toutes manières vous ne compromettrez que ceux
qui seraient compromis : expliquez-vous. » Maubreuil, — toujours selon Vitrolles, — commence,
avec d'insupportables longueurs, le récit, qu'il devait répéter tant de fois par la suite, de ses relations
avec le Gouvernement provisoire et de l'entente
qui s'est établie alors entre lui et Roux-Laborie,
accrédité par Talleyrand, en vue de tuer Napoléon.

M. de Vitrolles couvre le comte d'Artois, avec l'attention et l'habileté d'un serviteur excellent.

Ce récit, en ce qui touche ce qui s'est passé le 2, le 3 et le 4 avril, concorde exactement avec la confidence faite par le duc Dalberg à Pasquier et on a lieu de le tenir pour exact. Mais, lorsque Maubreuil ajoute que, du 4 jusqu'au 18, il alla quatre fois par jour au *Gouvernement provisoire* ; lorsque Vitrolles annonce que Maubreuil « se justifiait toujours par les autorisations qu'il avait reçues pour l'exécution du décret du *Gouvernement provisoire* qui ordonnait d'arrêter et de réintégrer, soit les objets précieux de la Couronne, soit les fonds du Trésor public que les membres de l'ancien gouvernement tenteraient d'enlever », ne voit-on pas qu'il y a, entre l'accusateur et l'accusé, une sorte d'entente, soit tacite, soit expresse, pour dissimuler le fait essentiel ?

A partir du 14 avril, à huit heures du soir, il n'y a plus de Gouvernement provisoire : il y a la Lieutenance générale du Royaume, déférée à Monsieur, frère du Roi, par le Sénat et offerte par M. le prince de Bénévent. Ce n'est pas le Gouvernement provisoire qui, le 16 et le 17, a ordonné à ses ministres de délivrer des pouvoirs à Maubreuil : c'est Monsieur. Vitrolles sent le piège ; il ne dit pas, lui, que les pouvoirs ont été délivrés par le Gouvernement provisoire ; il dit que Maubreuil a reçu ses pouvoirs « pour l'exécution du décret du

Gouvernement provisoire », sans dire de qui il les
a reçus. Mais, si l'objet qu'on s'était proposé alors
avait été uniquement, comme on a dit, de rentrer
en possession des diamants de la Couronne — qui
étaient aux Tuileries, dont le recolement avait été
fait, dont la présence était constatée par les inventaires, — on l'eût spécifié sur les pouvoirs de Maubreuil et de Dasies, comme on l'avait spécifié sur
les pouvoirs de Philippe Lemaistre, de Dudon, de
La Grange et de Vanteaux ; mais non ! on a donné
à Maubreuil des pouvoirs tels qu'en eurent à peine
les Conventionnels en mission, des pouvoirs sans
limite, des pouvoirs sans objets déterminé et qui,
par là, s'étendent à tout, des pouvoirs qui ont placé
sous ses ordres l'armée française, l'armée russe,
l'armée prussienne, la police et les postes, et nul,
ni Français, ni Russe, ni Prussien n'a fait la moindre objection à lui délivrer de tels pouvoirs, tant
était supérieure l'autorité qui en avait disposé ainsi.

Le 16, qui détenait cette autorité ? — Monsieur.

*
* *

Il y a donc autre chose. Et cette chose c'est l'assassinat de l'Empereur. Napoléon à Fontainebleau
était importun à Monsieur et il lui était odieux.

Importun, car il refusait de quitter Fontainebleau,
tant que Monsieur n'aurait pas révoqué l'ordre
qu'il avait donné et qu'avait transmis Dupont, de
ne lui remettre l'île d'Elbe qu'après en avoir enlevé
les vivres, les munitions, les approvisionnements,
les armes et le reste. Napoléon prenait à témoins
les souverains alliés, dans la personne de leurs
commissaires, que c'était là une violation intolé-
rable du traité qu'ils avaient conclu avec lui. Il
n'entendait partir que lorsqu'ils se seraient pro-
noncés. Sans doute, peu importait l'île d'Elbe à
celui qui, pour acquérir aux Bourbons les bonnes
grâces des souverains et, dans les conditions de la
paix future, surenchérir à Napoléon, s'était par
avance engagé à livrer les forteresses françaises
avec tout ce qu'elles renfermaient, — mais c'était
aux Alliés, non à Buonaparte.

Napoléon restait donc à Fontainebleau, et, si
médiocre que fût sa troupe, Monsieur, comte d'Artois, dont jadis Charette, écrivant au prétendant,
avait si crûment caractérisé la forme de courage,
ne se sentait nullement rassuré tant que de tels brigands se trouveraient à une marche de son palais.

Odieux — la preuve est-elle à faire? Enlever
et tuer Bonaparte, c'était prendre la revanche
d'Ettenheim, c'était offrir un impérial holocauste
aux mânes irrités du duc d'Enghien, de Cadoudal,

·de Pichegru, de Chateaubriand, de toutes les victimes que le Corse avait sacrifiées à son ambition
tyrannique. Sans doute, le traité du 11 avril garantissait à l'Empereur sa sûreté, son libre voyage, le
passage de tous ses équipages, chevaux et effets,
mais si le Gouvernement provisoire avait ratifié
le traité du 11 avril, Monsieur n'y était pas intervenu. Et d'ailleurs, cela comptait-il un traité avec
Buonaparte ? Le roi Louis XVIII, qui l'aura solennellement agréé, montrera bien le cas qu'il en
fait. Aussi bien, on n'est pas responsable d'un
accident. Bonaparte supprimé, l'Europe, comme
disait Talleyrand, ferait : *Ouf!* et ne chercherait
pas noise au libérateur. Quant à des scrupules,
belle question ! Les hommes qui, quatorze années
durant, avaient, de Londres, constamment spéculé
sur l'assassinat du Premier Consul et de l'Empereur, n'avaient pas, de Londres à Paris, à ce point
changé de mentalité qu'ils dussent, en 1814, regarder comme un crime ce qui, en 1804, était un
haut fait. Pourquoi chercher ailleurs ? Les complices de Georges ne font-ils pas l'état-major du
comte d'Artois ? M. de Polignac n'est-il pas son
premier aide de camp ? Le plan de Maubreuil doit
lui plaire, car il est renouvelé de celui qu'aimait à
développer Georges, les jours où il tournait au
chevaleresque et où il oubliait la rue Nicaise.

Route de Malmaison ou route de Fontainebleau, peu importe : l'attaque est disposée de même et tout est pareil, jusqu'aux uniformes que doivent revêtir les assassins.

En révolution, il ne faut pas se payer de mots ; les royalistes vont aux faits, et ils n'ont pas à se rendre plus faciles qu'on n'est vis-à-vis d'eux depuis 92. Aux exécutions par le fusil, le canon ou le couperet, ils répondent par des exécutions au fusil, à la bombe et au couteau. C'est leur droit. Ceux qui les tuent déclarent qu'ils sont les gouvernants légitimes ; eux répondent qu'ils sont les seuls légitimes. Partant quittes. En révolution, chacun se vante de posséder le droit ; ce n'est pas le droit qu'il faut avoir, c'est la force.

Qu'il y eût eu, de la part des familiers du comte d'Artois, une entente avec quelqu'un, tel qu'eût été Vanteaux ou peut-être même Roux-Laborie, qui eût mis Maubreuil en action, il n'y a guère moyen d'en douter. L'entente directe avec Maubreuil n'est pas vraisemblable. Mais on savait que Maubreuil s'était offert à Laborie ; on l'avait sous la main ; on croyait qu'il avait recruté ses hommes, fait ses dispositions. Le prétexte était tout trouvé, c'était la lettre de La Bouillerie à La Grange ; on a fait passer la note officieuse dans la *Gazette de France*, pour créer par avance une justification, et on a lâché Maubreuil.

Seulement, Maubreuil était un fanfaron de crime, — peut-être un fanfaron de bravoure. Les paroles ne lui coûtaient guère. Il s'en grisait et pouvait même en griser les autres. Comme il s'était fait comte, comme il se fera marquis, comme il s'est attribué d'immenses fortunes, comme il a rêvé des spéculations gigantesques, il est l'homme de toutes les audaces, et ce coup de force qui retentira dans l'histoire est fait pour lui, — en paroles. Mais on l'a pris au mot ; or, ce déséquilibré, sûrement sur la pente de cette folie qu'accuseront par la suite la plupart de ses actes, que révéleront ses discours, ses lettres et le matériel de son écriture, n'est, pour le moment encore, qu'un impulsif, capable des folies le plus inutilement périlleuses dans le moment où il les conçoit, comme de monter sur les épaules de la statue de l'Empereur à la place Vendôme, de s'asseoir sur la tête les jambes pendantes et, « après lui avoir fait la plus grossière des insultes », d'agiter un mouchoir blanc en criant *vive le Roi* ! et il est encore — on peut même dire qu'il sera toujours — capable de se reprendre, s'il en a le temps, de calculer un plan et de risquer le moins pour obtenir le plus.

Or, il a réfléchi.

Tenter à Fontainebleau d'enlever ou de tuer l'Empereur au milieu de sa garde, c'est chanceux ; en route, sous l'escorte d'un piquet sabre au poing, chanceux encore. Maubreuil, quoiqu'il en ait dit, n'a recruté au juste que deux hommes, Dasies et Colleville ; ce n'est pas à eux trois, même à six en comptant les domestiques, Prosper, Fraitur et Muller, qu'ils auront raison des vingt grenadiers à cheval, des commissaires étrangers, des aides de camp de l'Empereur, de l'Empereur même. Maubreuil, d'accord avec Vanteaux, s'est promis des proies plus faciles ; celles-là ne lui ont pas échappé. Tout le monde y avait son compte, Monsieur et ses hommes de confiance, Vanteaux et sa bande. — Mais l'empereur de Russie est venu troubler la fête. Sans son intervention, on eût trouvé ces choses toutes simples et on eût laissé cette affaire tomber comme tant d'autres.

*
* *

Vitrolles sent bien qu'il s'avance au milieu de pièges tendus. De son propre aveu, il a pensé à retenir les pouvoirs que Maubreuil lui a montrés et « dont il pouvait faire un mauvais usage ». Il a obéi, dit-il, à un scrupule de conscience. Croit-il que Maubreuil se fût laissé dépouiller par lui, plus facilement que Dasies par Semallé ? Mais, en les rendant, « peut-être, écrit Vitrolles, m'échappa-t-il à ce moment quelque expression de mépris ou d'incrédulité. Maubreuil, ajoute-t-il, baissa la voix qu'il avait jusque-là fort élevée et me dit qu'au reste, il ne fallait pas faire tant de bruit ; que ses hommes étaient prêts et dévoués ; que ce qui ne s'était pas fait pouvait encore se faire ; que je n'avais qu'à parler et qu'il me répondait qu'a-vant deux jours, l'homme n'existerait plus. Je ne m'étais jamais trouvé, continue Vitrolles, en face d'une pareille proposition. J'eus de la peine à contenir mon indignation et l'émotion altérait ma voix. « De tels moyens sont indignes de la cause que nous servons, m'écriai-je, et nous sommes trop forts et pas assez lâches pour les employer. — Mais, Monsieur, reprit Maubreuil, vous ne sauriez décider vous-même une aussi grande question et vous devez prendre les ordres de Monsieur le comte d'Artois. — Non, Monsieur, lui dis-je ; je n'ai pas d'ordres à prendre et je ne sais personne assez audacieux pour prononcer de telles paroles devant Monsieur. »

Sur quoi, il tourna le dos à Maubreuil qui se retira.

11.

. On voit par là comme M. de Vitrolles était nouveau venu dans l'entourage de Monsieur. On voit de même qu'il avait été fonctionnaire de l'Empire ; mais cela n'importe : ce qui importe, c'est que, croyant peut-être couvrir Monsieur, il a lâché l'aveu décisif, le mot qui éclaire tout. « *Vous devez prendre les ordres de Monsieur le comte d'Artois* », a dit Maubreuil. Seul, en effet, le comte d'Artois peut révoquer les ordres antérieurs. Donc, ces ordres, c'est le comte d'Artois qui les a donnés.

On sent fort bien à quel point Vitrolles hésite sur la conduite à tenir, entre les amis du comte d'Artois qu'il doit ménager et l'empereur de Russie auquel il doit une sorte de satisfaction. Il a eu entre ses mains Maubreuil comme il a eu Dasies et il les a laissés sortir l'un comme l'autre. Il les laisse à présent vaquer à leurs affaires et à leurs plaisirs. Maubreuil et Dasies mangent dans les restaurants à la mode, chez Beauvilliers et chez Riche. En sortant des Tuileries, Maubreuil retrouve Dasies et Colleville à l'Opéra. De là, ils vont faire un tour au Palais-Royal — mais ils y rencontrent, entre autres personnes, l'ancien secrétaire de la légation de Russie à Cassel, lequel, connaissant Maubreuil, l'aborde et, sous un prétexte, lui demande son adresse. Il la fait ensuite passer au préfet de Police. Pasquier la connaît, cette adresse, tout comme Foudras, comme Vitrolles, comme Dupont, comme Anglès. Maubreuil ne l'a jamais cachée et il l'a écrite de sa main au pied de ses lettres. Mais, à présent, l'empereur de Russie va savoir que ces hommes, que la police royale prétend rechercher et qu'on lui a promis de punir, traînent en conquérants dans le Paris joyeux. Il faut donc faire quelque chose — ou du moins avoir l'air.

D'ailleurs, voici trois jours que l'on se promène autour de ces caisses et de ces sacs, sans même s'être inquiété de ce qu'ils renferment. M. de Vitrolles a affirmé à M. de Nesselrode qu'il avait recouvré tous les effets de la reine de Westphalie, mais il est, de sa nature, si peu curieux qu'il n'a point jugé à propos de s'assurer si les sacs étaient pleins et si les caisses étaient inviolées. Il s'avise, le 25, qu'il est temps d'y penser, et, au matin, il écrit à Pasquier pour le prier « de lui faire connaître l'adresse de M. Dasies qui a été récemment chargé d'une mission secrète conjointement avec M. de Maubreuil ». Il convoque Dasies pour le soir, huit heures, à la secrétairerie d'Etat. Mêmes invitations sont adressées à Vanteaux et à Maubreuil.

Le soir donc se réunissent, au pavillon de Marsan, dans un salon, Anglès, Saulnier son secrétaire général, Mme Malet de la Rochette, qui rappelle à Vitrolles que son mari a servi avec lui aux chevaliers de la Couronne, puis, dans un autre salon, Maubreuil, Dasies et Vanteaux. Vitrolles fait apporter les caisses et demander les clefs à Maubreuil, lequel répond qu'il ne les a jamais eues. On suggère à Vitrolles que ces caisses ont été fabriquées par Biennais, le grand orfèvre, dont le magasin, à l'enseigne du Singe violet, est là tout près, rue Saint-Honoré. On y court, on le ramène lui-même. Il essaie d'ouvrir le nécessaire du roi, est obligé de chercher, même de forger un outil, y parvient enfin.

Le nécessaire est vide ou tout comme, de même les caisses de la reine. Vitrolles interpelle Maubreuil, lui demande ce que sont devenus les diamants : Maubreuil répond « qu'il n'en sait rien, qu'il n'a pas été chargé de les garder », puis « que les caisses ont été ouvertes à Fossard devant la princesse et que peut-être à cette occasion, elle a volé les diamants ».

Vitrolles voit l'abîme, ses affirmations démenties, l'empereur de Russie justement irrité, les royalistes flétris comme voleurs de grand chemin. Monsieur lui-même compromis. Il sort, va au

poste du Pavillon de Marsan donner lui-même la
consigne qu'on ne laisse sortir personne du salon,
puis chez Monsieur, près du Pavillon de Flore,
dans l'ancien appartement de l'Impératrice. Il lui
raconte le vol, « déplore les aveux qu'on va être
obligé de faire à l'empereur de Russie. Il lui
annonce l'intention où il est de faire arrêter tout
ce monde et de les envoyer à la préfecture de
Police pour que la justice pût découvrir et punir
les coupables. Monsieur approuve et autorise ces
mesures et Vitrolles retourne au Pavillon de Marsan ». Il consulte alors avec Anglès et Saulnier
qui partagent son avis. Saulnier dresse une façon
de procès-verbal ; on appose enfin les scellés sur
les caisses et sur les sacs ; on déclare à Dasies, à
Maubreuil et à Vanteaux qu'ils sont arrêtés et on
les conduit à la préfecture.

Anglès, qui les a suivis, fait éveiller Pasquier
et le prie « de donner tous ses soins aux poursuites
et de ne rien négliger pour constater le vol et faire
retrouver les objets volés ». Pasquier, jusque-là,
a été tenu en dehors de l'affaire ; mais il en savait
la gravité, les ministres des souverains ayant plusieurs fois réclamé son intervention. « Les royalistes imprudents de l'entourage de Monsieur y
pouvaient, a-t-il dit, être compromis. » Il fallait
donc, par une prompte découverte des objets sous-

traits, donner satisfaction à l'empereur de Russie, obtenir ainsi une sorte de silence et étouffer l'affaire.

*
* *

Car, tout le monde parle de la Justice et nul n'est pressé de mettre en marche cette boiteuse. M. de Vitrolles, secrétaire d'Etat provisoire, arrête ; M. Anglès, ministre provisoire à la Police, transfère ; M. Pasquier, préfet provisoire de Police, incarcère. Tout est provisoire hormis les lettres de cachet, hormis la prison d'Etat. Mais quel juge fait-on paraître ? Où sont les mandats ? Il s'agit, aux termes de l'article 383 du Code pénal, d'un crime emportant la peine des travaux forcés à perpétuité ; il s'agit d'un crime commis à Fossard, arrondissement de Fontainebleau, département de Seine-et-Marne. Le ministère public et le juge d'instruction de Fontainebleau ont seuls droit d'en connaître ; la Cour d'assises de Seine-et-Marne est seule en droit d'en juger ; si la plainte a été portée par la reine au juge de paix de Pont, qui est de l'Yonne, cela ne change rien au théâtre du crime, et rien au crime même que ce soit en Seine-et-Marne ou dans l'Yonne, c'est toujours la Cour d'assises ; mais la légalité est le moindre souci de M. de Vitrolles, comme de

M. Anglès ou de M. Pasquier. Des juges voudraient
faire parler les inculpés ; l'unique souci de ces messieurs est que les inculpés ne parlent pas — et sur
ce point, M. Pasquier est expert ; il tient de son père,
le bourreau de Lally-Tollendal, le secret de baillon-
ner les accusés, même les condamnés, et cette tradition familiale est ici tout à fait opportune.

Maubreuil, Dasies, Vanteaux sont sous clef à la
Préfecture et nul n'a encore constaté légalement
s'il y a eu vol et quelle est l'importance du vol,
puisque, jusque-là, il n'y a eu aucune reconnaissance de ce que contiennent les sacs et les cassettes et de ce qui y manque. On a des présomp-
tions : le secrétaire d'Etat provisoire, qui s'est
provisoirement improvisé officier de police judiciaire, a constaté que les sacs apportés par Maubreuil contenaient du billon et non de l'or. Le
même, en vertu des pouvoirs qu'il s'est donnés, a
ouvert des caisses qu'il a trouvées presque vides,
mais qu'est-ce que cela prouve sinon qu'une illé-
galité de plus a été commise ?

Il est avéré que les neuf caisses, volées par Maubreuil le 21, ont été, le 22, expédiées de Chailly à
M. de Vanteaux chez qui elles sont restées du 22
à dix heures du matin au 23 à six heures du soir ;
puis, qu'elles ont été portées chez M. de Vitrolles,

chez qui elles sont restées du 23 à six heures au 25 à huit heures du soir; qu'elles n'ont été mises sous scellés ni à Fossard, ni à Chailly, ni rue Taitbout, ni aux Tuileries ; par suite, que leur contenu a pu être modifié dans chacune des trois stations qu'elles ont faites; de même pour le nécessaire du roi déposé chez Vitrolles par Gaudin le 23 ; de même pour les sacs apportés par Maubreuil chez Vitrolles dans la nuit du 23 au 24. Il peut y avoir une présomption en faveur de M. de Vitrolles, mais une présomption seulement, et l'on serait fort embarrassé de faire la moindre distinction entre les charges qui pèsent sur lui, sur Maubreuil et sur Vanteaux. Mais la Justice n'est point en jeu.

Cependant, Cousin de Marinville, comme maître de la garde-robe du roi, et Mme Malet de la Rochette, comme garde des diamants de la reine, ont établi en double exemplaire, d'après les pièces qu'ils ont en mains, l'état des écrins de Jérôme et de Catherine, et ils l'ont déposé à la préfecture de Police ; le 26, à cinq heures du soir, ils sont convoqués pour assister à l'ouverture des caisses, — la première ouverture à peu près légale, depuis les six jours que ces malheureuses caisses voyagent de porte en porte. Avec eux, Biennais, qui a fabriqué les caisses, Bapst qui a fourni la plupart des pierres, Guignet, valet de chambre bijoutier du Roi, Vanteaux, Maubreuil et Dasies. Le commissaire de police Comminges représente à la fois la Justice, la Police et la Secrétairerie d'Etat. Il lève les scellés apposés la veille par Saulnier ; Biennais ouvre les caisses et l'on regarde : le nécessaire du roi est vide, vide des diamants qu'il contenait et dont la valeur montait à 511.792 francs, vide des portraits en miniature où tous les membres de la Famille étaient représentés, des tabatières en or enrichies de diamants, des ordres, des objets de souvenir ; tout juste trouve-t-on, à cette première inspection, une Toison d'or en perles et or, une décoration de la Couronne de Westphalie et quelques agrafes en or et en argent.

Dans les cassettes de la reine, même pillage, mais le butin est bien autre : d'abord, au lieu des 4.200 napoléons d'or contenus dans la cassette, on trouve, dans les quatre sacs qui la remplacent, 1.325 pièces de un franc et 1.350 pièces d'un demi-franc — 2.000 francs au lieu de 84.000 francs. On ne prend pas la peine, dans le procès-verbal, de décrire ces monnaies, pas plus qu'on ne prendra la peine de rechercher où l'on s'est procuré cette quantité inusitée d'argent blanc, ni qui se l'est procurée.

Aux caisses de la reine à présent. Les sept premières boîtes sont vides. Dans des cartons, on trouve bien de petites pierres non montées, puis la broutille, les débris, les objets sans valeur vénale et qui sont de pure fantaisie : souvenirs en maroquin, peignes d'écaille, travaux en cheveux, parures de deuil en fer de Berlin, perles d'or soufflé, menues parures pour donner en présent ; çà et là, comme si, dans la hâte, les voleurs avaient omis de la prendre, quelque pièce de prix : une feuille de brillants, un diadème de rubis et brillants montés à jour. Mais c'est tout ; on a eu affaire à des connaisseurs. Aussi ont-ils respecté la huitième boîte : « l'écritoire en bois de racine contenant des papiers de différentes formes et grandeurs, plusieurs bâtons de cire à cacheter et tous les instruments en vermeil ou en or » et, de même, la neuvième « contenant une cuvette de toute la grandeur, une grande et une petite seringue, une boîte à éponges, deux flacons, le tout en vermeil ». Ils ont su se contenter avec le reste : quatre millions de diamants ou de pierres précieuses; encore s'en est-il fallu de peu que le butin ne fût encore plus riche : au moment où il a quitté Paris, le roi s'est avisé de prendre ses précautions et il a versé, dans une ceinture qu'il porte sur lui, 770 chatons représentant 1.409.441 francs. Sans quoi il perdait tout.

Le vol est constaté ; il est flagrant. Il ne peut avoir été commis qu'à Chaill, rue Taitbout, rue Neuve-de-Luxembourg ou aux Tuileries, par Maubreuil et Dasies, Vanteaux ou Vitrolles. Or, tandis que la police recherche et arrête des subalternes ou des figurants, — Colleville et son domestique, Prosper Le Barbier et Fraitur domestiques de Maubreuil, Roger et Gaujac, deux individus que Maubreuil a employés dans les fournitures, — Vanteaux est mis en liberté !

« Mme de Vanteaux, écrit Semallé, accourut pour me prier d'obtenir de Monsieur la mise en liberté de son mari. Je consentis seulement à donner un certificat portant que M. de Vanteaux avait agi avec légèreté en recevant les caisses ; que, d'ailleurs, je le croyais absolument étranger, aux détournements qui avaient été commis. Ce certificat fut signé également par l'évêque de Chambéry, qui était présent, et, le lendemain matin, M. de Vanteaux fut mis en liberté. »

Voilà des témoins autorisés. Sans doute M. l'évêque est le frère du général Dessolles qui, ayant été des premiers à trahir l'Empereur, peut avoir des droits sur Monsieur ; mais Semallé attestant l'intégrité de Vanteaux, cela passe la

permission. S'il y avait des juges, toute la maison-
née de la rue Taitbout serait inculpée, compris
Semallé et Geslin, le valet de chambre de Monsieur et le petit jockey de Madame ; du moins,
n'est-ce pas sur le certificat de M. de Semallé qu'on
relâche Vanteaux ; Monsieur, comte d'Artois, le
couvre ; car Vanteaux a été et est, pour Monsieur,
l'homme essentiel, devant qui, en vérité, Semallé
aussi bien que Vitrolles, sont de fort petits seigneurs.

Vanteaux relâché, — et il fallait la maladresse
ingénue et satisfaite du secrétaire d'État provisoire pour l'avoir arrêté, — on fit encore plus de
poussière pour donner à croire à l'empereur de
Russie et au roi de Wurtemberg qu'on mettait, à
leur donner satisfaction et à chercher les voleurs,
une passion de justice tout à fait émouvante ;
interrogatoires, perquisitions, toute la police en
l'air, toutes les mouches au vol, la police seule
bien entendu. Maubreuil et Dasies sont au secret ;
de cette façon, on est certain qu'ils ne jaseront pas
mal à propos. Et, pour continuer la comédie, l'on
reprend heure par heure, minute par minute, l'iti-
néraire de Maubreuil, du 18 au 25 avril. De ce
qu'il faisait avant, l'on n'a cure ; qui il fréquentait
l'on ne s'en informe pas, non plus que des personnes dont il reçut des ordres : non. Tout l'inté-

rêt est concentré sur son expédition à Fossard et sur son retour. On sait ce qu'il a fait, dit, écrit, mangé, où il s'est arrêté, où il a couché ; mais, quand les policiers, à sa suite, arrivent devant la porte du 18 rue Taitbout, ou devant la grille du Pavillon de Marsan, ils sont sujets à des distractions invincibles, ils regardent en l'air, et ils passent. Y a-t-il vraiment un 18 à la rue Taitbout, et le Pavillon de Marsan n'est-il pas un mythe ? Sauf dans ces deux maisons, qui, à la vérité, sont essentielles, mais que la fatalité veut qu'ils omettent, leur enquête est d'une précision qui ne laisse rien à désirer. Si bien, que, le 8 mai, M. Pasquier peut écrire à l'ambassadeur de Russie :

« Je voudrais qu'il vous fût possible d'envoyer quelqu'un chez moi pour prendre connaissance de toute l'instruction qui a eu lieu de cette affaire. Il y en a peu qui aient été traitées avec plus de soin et plus approfondies. Cinq personnes sont arrêtées, bien évidemment auteurs ou complices du vol. On a suivi pas à pas leurs moindres démarches depuis leur départ de Paris jusqu'à leur rentrée dans cette ville ; on a découvert les lieux où avaient été ouvertes les caisses et les moyens qu'on avait employés pour cela. On est parvenu,

à force de recherches, à trouver les cochers de
fiacre qui, dans la nuit de l'arrivée de ces voleurs
à Paris, leur ont servi à transporter les effets volés
d'une maison dans une autre. On est ainsi arrivé
dans une chambre louée secrètement par le chef
de l'entreprise et dans laquelle les diamants ont
dû bien certainement être déposés, et peut-être
partagés, car, en secouant les matelas du lit de
cette chambre, on y a trouvé quelques pierres
précieuses reconnues pour faire partie de l'écrin
de la reine Catherine. Cette découverte, faite il y
a trois jours, est la dernière de quelque importance que l'on ait faite. Depuis, sur quelques
indications que l'on avait cru bonnes, on a fouillé
quatre ou cinq maisons depuis la cave juqu'au
grenier, sans avoir rien pu trouver.

« Rien ne peut égaler l'obstination de ces voleurs
et surtout de leur chef, à ne pas vouloir, malgré
l'évidence, reconnaître le vol et faire retrouver
les objets volés. J'ai été jusqu'à leur promettre la
grâce la plus entière s'ils faisaient retrouver ces
objets. Promesses et menaces ont également
échoué. Ils sont toujours détenus et mis à un
secret très sévère, sans aucune espèce de communication avec personne. Je fais et je ferai continuer
les recherches tant que je pourrai trouver le moindre indice qu'il soit possible de suivre et, du

moment que je ferai quelque découverte importante, Votre Excellence peut être assurée que je
lui en rendrai compte. »

On voit ici à découvert le procédé de M. Pasquier.
M. Pasquier, qui est un juriste, connaît la valeur
des mots. Comment parle-t-il donc d'*instruction* ?
Où est le procureur du Roi, où est le juge d'instruction ? Il s'agit ici d'une enquête policière, où
rien n'est régulier ni légal ; il s'agit de prisonniers
d'Etat auxquels on propose un marché : la liberté
contre les diamants. Le mot de *grâce*, qui implique
un jugement préalable, est aussi faux que celui
d'instruction. Mais ce ne sont pas là toutes les
erreurs de plume du préfet de Police : oui, l'on a
suivi les fiacres qui portaient, d'une maison dans
une autre, des objets volés à Fossard, mais ce que
portaient ces fiacres, c'était le nécessaire du roi ;
oui, l'on a retrouvé dans une chambre, rue Neuve-
de-Luxembourg, que Maubreuil avait louée au
nom de son domestique, un diamant enveloppé
dans un papier portant, de la main de Marinville,
l'indication du poids de la pierre et le numéro de
l'état sur lequel elle était désignée, mais Marinville était gardien des diamants du roi ; c'était du
nécessaire du roi que sortait ce diamant, comme
les quelques pierres trouvées à côté entre les

matelas du lit, comme le fragment d'écrin qu'a
reconnu, pour l'avoir fourni, le bijoutier du roi.
M. Pasquier dit : *l'écrin de la reine Catherine*,
alors qu'il sait à merveille que les caisses appartenant à la reine n'ont pas été transportées de
fiacre en fiacre, qu'elles n'ont jamais été déposées
rue Neuve-de-Luxembourg, mais qu'elles ont été
voiturées directement de Chailly au 18 de la rue
Taitbout chez M. de Vanteaux, et de là au Pavillon
de Marsan chez M. de Vitrolles. Durant que le préfet de Police est en train de faire fouiller, de son
autorité privée, quatre ou cinq maisons, de la
cave au grenier, que n'a-t-il fait de même pour
l'hôtel de M. de Vanteaux et pour l'appartement
de M. de Vitrolles ?

On veut que Maubreuil soit le chef de l'entreprise, qu'il soit seul en cause : on omet donc ce
qui est le principal du vol — quatre millions — et
on s'attache uniquement à ce qui en est l'accessoire
— cinq cent mille francs. Si, au lieu de se proposer
pour but unique de couvrir « les amis imprudents
de Monsieur », on se proposait la recherche de la
vérité, n'arriverait-on pas à ces conclusions qui
ressortent des faits mêmes : Maubreuil a voulu se
faire sa part avant de livrer le trésor. Dasies et
Colleville avaient eu l'argent — au moins la plus
grande partie ; — Maubreuil a pris les diamants.

Mais ces diamants, il n'a pu les prendre que dans le nécessaire du roi qu'il a porté de Chailly à Versailles et de Versailles rue Neuve-de-Luxembourg.

Quant aux caisses de la reine, si l'on prétend dégager du vol Vanteaux et Vitrolles, ce n'est point en les passant sous silence qu'on y parviendra : c'est en étudiant les pièces qu'on a entre les mains et qui fournissent, à tout le moins, une hypothèse en faveur de ces deux individus. Il résulte de la déposition de Furstenstein que Maubreuil et Dasies, à Fossard, se sont emparés des clefs des cassettes de la reine. Il résulte du récit de Vitrolles, que, au Pavillon de Marsan, lorsque Vitrolles demanda les clefs de ces mêmes cassettes, Maubreuil, Dasies et Vanteaux déclarèrent ne les avoir jamais eues. En écartant l'idée que Maubreuil, à Chailly, aurait pu remettre ces clefs au maréchal des logis pour les porter à Vanteaux avec les cassettes, — ce qui n'est guère supposable, — on peut admettre que, à Chailly, durant la nuit qu'ils y ont passée, Maubreuil et Dasies auraient ouvert les cassettes, fait leur choix, mis en paquet à tout risque cette quantité énorme de parures, puis fait recharger les caisses, vides ou presque, pour les adresser à Vanteaux ; alors seulement, ils se seraient dirigés sur Versailles pour faire ouvrir par un serrurier la seule caisse dont ils n'eussent pas la clef : le nécessaire du roi.

Mais on n'entre point dans le détail, on ne fait pas état de ces déclarations de la reine et de Furstenstein qui sauteraient aux yeux du moindre juge d'instruction un peu avisé. On ne soulève pas la question des clefs, on semble l'ignorer. Et alors, on se heurte à cette unique conclusion : les caisses qui n'ont point été ouvertes depuis Fossard ont été pillées par ceux qui en ont été successivement les dépositaires : Vanteaux ou Vitrolles.

Dans ces conditions, on ne saurait raconter les voyages des caisses de la reine sans mettre en cause l'un ou l'autre, l'un et l'autre. On les couvre donc par un mensonge maladroit, mais qui, pour le moment, sauve la face.

Ce qui complique en effet la situation d'une façon singulière aussi bien pour les prisonniers, Maubreuil et Dasies, que pour les amis du comte d'Artois, tels que Vitrolles et Vanteaux, et pour Pasquier lui-même, c'est que, le 2 mai, la lieutenance générale de Monsieur a pris fin par l'arrivée du Roi à Paris et si, depuis quinze ans, le comte d'Artois est familier avec les attaques de diligence, les tentatives d'assassinat, les machines infernales et les coups à la Georges, le comte de Provence a constamment montré, quant à de tels procédés, une désapprobation très nette, très vigoureuse et parfois violente. On avait donc pris jadis le parti de lui cacher ces tentatives qui assurément servaient la bonne cause. Ici, on ne paraît pas davantage empressé de lui révéler le détail d'une aventure où tout est malpropre : le but réel qu'on s'est proposé, celui qu'on a atteint, les hommes qu'on a employés et les moyens dont on s'est servi. Monsieur se confessait plus volontiers à l'abbé de Latil qu'à son auguste frère et il eût été moins certain d'obtenir l'absolution de celui-ci que de celui-là. Comme le dit Pasquier, « il a donc été résolu de garder les prévenus en prison, d'attendre du temps et de la marche des événements conseil et secours » c'est-à-dire, Vanteaux étant dehors, Colleville étant relâché, de garder Maubreuil et Dasies au secret dans cette nouvelle Bastille de la rue de Jérusalem, jusqu'au moment où, les souverains étrangers étant apaisés ou ayant oublié, on donnerait la volée aux prisonniers, en simulant une évasion.

Marinville jugeait donc sainement les choses lorsque, le 17 mai, il écrivait à Jérôme : « Les démarches faites jusqu'à ce jour ont donné le fil de tout ce qui s'est passé depuis Fossard jusqu'au retour de M. de Maubreuil à Paris. Mais, là, toute l'adresse de la police a échoué par le silence soutenu des trois personnes soupçonnées du vol, en sorte que le commissaire interrogateur, renonçant à découvrir quelque chose par les seuls moyens qui soient de sa compétence, vient de faire au préfet un rapport détaillé à la suite duquel il ne peut manquer d'être pris une décision pour que les prévenus soient traduits en jugement. Je commence à douter que l'on réussisse à retrouver les objets volés et je crois que le point sur lequel on devrait insister auprès des hauts juges, en cette affaire, serait celui d'une compensation en espèces, en prenant pour base les deux inventaires généraux que j'ai déposés à la police. »

Mais Jérôme se méfie, encore plus que des hauts juges, de ceux qui devraient payer les dépens : il sait à quoi s'en tenir sur les uns comme sur les autres. Trouvant que Marinville, qui s'est d'ailleurs dégagé de son service en refusant de le suivre en exil, met assez peu de zèle et d'intelligence dans cette affaire, il annule la commission qu'il lui a donnée et il charge Filleul, son secrétaire, et le baron de Gayl, ancien maître des comptes en Westphalie, qui s'est attaché à sa fortune, d'employer les moyens qu'il faut pour retrouver les diamants. Comme, le 2 juin, il quitte la Suisse pour les environs de Gratz et le château d'Ekensberg où l'empereur d'Autriche l'a autorisé à résider, il laisse à ses agents des pouvoirs de plus en plus amples, la distance devant les empêcher de prendre ses ordres à tout moment.

Jérôme, en effet, a bien le droit de penser que les démarches officielles ne serviront à rien. Depuis le mois d'avril, l'empereur Alexandre, — celui-là auquel les Bourbons doivent le trône où il les a fait porter par ses cosaques, — réclame vainement près du gouvernement du lieutenant général qu'on rende justice à sa cousine. Transmises par Nesselrode ou par Boutiaguine, ses plaintes ont eu l'accent de hauteur qui convenait, et tout ce qu'elles ont produit, ç'a été l'arrestation des deux comparses qu'on présente comme les auteurs principaux d'un attentat dont on ne recherche ni qui l'a ordonné, ni qui en a profité. A présent, on peut être certain que les plaintes, s'il s'en produit, les réclamations, s'il en est présenté au nom de l'empereur Alexandre, seront d'un autre ton et n'obligeront ni le roi Louis XVIII à les entendre, ni les ministres de S. M. T. C. à y répondre. M. Pozzo di Borgo, ce Corse dont l'empereur Alexandre a fait son ambassadeur en France et qu'il y a établi presque comme un premier ministre, — ci-devant français, ci-devant révolutionnaire, puis paoliste, puis gagé par l'Angleterre et promenant par l'Europe sa vendetta fructueuse contre les Bonaparte, ses anciens amis, — ce Corse auquel, à coup sûr, les scrupules sont inconnus, est, depuis 1802, en correspondance réglée avec Monsieur, comte d'Artois, et avec le bureau où s'élaboraient les complots contre Bonaparte. Avec lui, « les royalistes imprudents de l'entourage de Monsieur » n'ont rien à craindre et ils ont tout à gagner ; aussi, dès qu'il est revenu de Londres ramenant le roi Louis XVIII, les démarches de l'ambassade de Russie se font moins pressantes, si même elles ne cessent pas tout à fait. Il semble résulter d'un rapport de Boutiaguine à Nesselrode du 19 novembre-1er décembre que, verbalement, Pozzo en a peut-être entretenu les ministres ; mais, ce qui est certain, c'est que, même de ces conversations, il s'est abstenu de rendre compte dans ses dépêches et qu'il n'y a pas fait la plus légère allusion. De son côté, si le roi de Wurtemberg n'est pas resté inactif, ses agents n'ont pas tardé à constater qu'ils se heurtaient à des influences dont ils n'auraient pas raison en les attaquant de front et qu'il était préférable de tourner. Sur leurs avis, le roi a écrit à sa fille en l'engageant à cesser toute instance de réparation judiciaire et à entrer en accommodement. Le meilleur moyen, lui a-t-il dit, de rentrer en pos-

session de ses bijoux serait de faire un sacrifice
de 400.000 francs.

L'on ne saurait apporter la preuve formelle que
ce conseil ait été suivi par Jérôme et Catherine.
Lorsqu'on traite ainsi avec des voleurs pour rache-
ter leur butin, on ne prend pas d'ordinaire des
reçus : ceux qui en donneraient fourniraient ainsi
la corde pour les pendre. Du moins, certains
indices et certaines explications que donne la reine
permettent, sinon d'acquérir une certitude, au
moins de présenter le fait comme singulièrement
probable. Le 26 juillet, étant à Ekensberg, la
reine inscrit dans son journal : « Arrivée de
Gayi et tous les détails qu'il me donne. » Le 28
elle écrit : « Proposition de M. Beugnot, ministre
de la Police, à Maubreuil, de 300.000 francs pour
qu'il me rende mes diamants et l'assurance de son
évasion en Angleterre. Refus de celui-ci en disant :
« Que l'on me remette un ordre signé de la main
du roi Louis XVIII comme quoi je dois rendre
les diamants et je les remettrai de suite. Je suis
sûr de mon fait; je resterai encore deux ou trois
mois en prison, puis on me fera sortir et ma fortune sera faite. » Preuve évidente, ajoute la reine,
que ce sont les Bourbons qui ont fait commettre
le vol. »

Cette note n'est intéressante que pour la date à laquelle elle est écrite. La reine a eu connaissance, par Gayl, d'un marchandage dans lequel Beugnot s'est entremis. Pasquier, aussi, dit avoir, de la part de Talleyrand, marchandé Maubreuil, qui se montra irréductible, « demeura inébranlable, soutint toujours sa parfaite innocence, protesta qu'il n'avait été mû dans tous ses actes que par le désir de rendre un grand service sans aucune vue d'intérêt personnel. »

Ce qui résulte de ces deux témoignages, c'est que, de divers côtés, on marchandait Maubreuil. Mais est-ce bien avec Maubreuil qu'on devait conclure? Par la suite, la reine Catherine a mieux connu les détails. Elle a raconté à la comtesse Anna Potocka que, sur les avis qui lui avaient été donnés par son père qu'elle rentrerait en possession de ses bijoux moyennant le sacrifice d'une somme de 400.000 francs, « elle se décida à donner des ordres à son homme d'affaires *qui entra en pourparlers avec M. de Vitrolles* ». Les 400.000 fr. furent versés, après qu'on eût convenu de la façon dont les diamants se retrouveraient.

Voilà la parole de la reine rapportée par un tiers, mais voici la reine elle-même. Quatre années après ces événements, elle va, pour la première fois, voir son frère devenu roi de Wurtemberg et

s'entretenir avec lui d'affaires graves. Aussi note-
t-elle avec soin, dans son journal, tous les détails
de son voyage. Or, à la date du 16 juillet 1818,
elle rend compte d'une conversation qu'elle vient
d'avoir avec son frère et sa belle-sœur : « Le roi
me demanda ensuite où en était l'affaire de mes
diamants et le procès de M. de Maubreuil. Je lui
dis que M. Abbatucci nous avait fait espérer que
nous pourrions ravoir les 84.000 francs parce qu'il
(Maubreuil) était riche, mais que, depuis, je n'en
avais pas entendu parler.... Je leur contai alors
la manière dont nous avions rattrapé mes diamants
et les 400.000 francs qu'il avait fallu donner pour
les ravoir.... La reine me dit : « Mais pourquoi
ne revendiquez-vous pas les 400.000 francs que
vous avez donnés pour les diamants? — A qui les
demander? A Monsieur qui m'a fait voler? »

Ainsi l'accusation est nette ; elle est positive.
La reine Catherine est femme d'honneur; elle est
véridique et brave, et lorsque, sinon à la comtesse
Potocka, du moins au roi son frère, qui a tous les
moyens de contrôler son récit, elle parle, comme
d'une chose avérée, du rachat qu'elle a fait de ses
diamants, elle s'expose, si elle ment, à des contradictions singulièrement graves, étant données
surtout les demandes qu'elle vient de faire à son
frère.

Ce n'est pas avec Maubreuil que ses agents ont pu traiter. Maubreuil est au secret depuis le 25 avril. Est-ce, comme elle dit à Mme Potocka, avec Vitrolles? Vitrolles agit-il pour son compte, ou plutôt stipule-t-il comme intermédiaire des royalistes imprudents de l'entourage de Monsieur, de « Monsieur qui m'a fait voler », dit crûment la reine? On n'aura probablement jamais une réponse formelle à ces questions; il suffit qu'elles soient posées. Si les détails échappent, le fait subsiste : tel quel, il donne la seule explication plausible qu'on ait eue jusqu'ici de l'étonnante découverte des diamants de la reine Catherine.

*
* *

Le 3 juillet, un nommé Heuet, gardien du Dépôt à la préfecture de Police, pêchant à la ligne dans la Seine, au bas du quai de la Conférence, presque en face de l'Esplanade des Invalides, ramena, accroché par le hameçon, un peigne en or orné de pierreries. Il rapporta ce peigne chez lui et sa femme le montra à un bijoutier nommé Mouton qui en offrit 3.000 francs. Le lendemain, il s'empressa de retourner à cette place où l'on pêchait des diamants au lieu de gardons, et ramena, au bout d'une ligne mieux conditionnée, un bracelet et deux peignes avec diamants et pierreries, liés ensemble par la vase qui les enveloppait. Il donna le bracelet à sa femme qui le vendit 60 francs à un fondeur et cacha les peignes dans la tête d'un buste en plâtre de Laocoon qu'il avait sur son secrétaire. Et il ne retourna plus jamais pêcher à la ligne...

Mais le bijoutier Mouton qui avait vu le premier le peigne et qui, pour 1.500 francs, avait acheté cent quatorze brillants à la femme Heuet a jasé — et de même Heuet et sa femme ont trop aimé la conversation. Les femmes Charbonnier et Simon ont connu la trouvaille et ont été mordues d'envie.

Le 27 juillet, une note est transmise par le cabinet du Roi à la préfecture de Police qui, depuis le 17 mai, n'est plus occupée par Pasquier, mais par Beugnot, ce Beugnot qui a été commissaire provisoire au ministère de l'Intérieur au temps du Gouvernement provisoire et de la Lieutenance générale de Monsieur et « dont Monsieur a été si content. » Cette note est ainsi conçue :

« Une lettre, datée du 10 juillet et signée *Ma Charbonnier*, adressée à Sa Majesté, prévient qu'un particulier, pêchant dans la Seine, a retiré une quantité considérable de diamants, consistant en peignes, diadèmes, mors de chevaux en or massif, enrichis de rubis et de diamants; on doit supposer que des objets aussi précieux ne peuvent qu'appartenir au Trésor royal ou provenir de quelque prince de sang royal. On a envoyé cette lettre pour faire les recherches possibles. Si on ne parvient pas à découvrir quelque chose, au moins pourrait-on découvrir les auteurs de ce rapport au moyen de trois adresses notées en marge de la lettre quoique d'une autre main et d'une autre écriture ».

Cette lettre du 10 juillet, transmise le 27, est confiée le 30 à Foudras qui remonte sans peine à la femme Charbonnier et, d'elle, à Heuet. Dans la perquisition qu'on fait chez celui-ci, rue Fromenteau, n° 10, un agent de police, par un faux mouvement de sa canne — comme le hasard s'y prend bien! — fait tomber — involontairement — le buste de Laocoon qui se brise. Les bijoux apparaissent, Heuet, interrogé, raconte fort bien son histoire. Mme Malet de la Rochette, convoquée le 1er août à la préfecture de Police, reconnaît les peignes comme appartenant à la reine. Aussitôt, on embauche des plongeurs et, les 2 et 3 août, à la place indiquée, on trouve, en effet, dans le lit de la Seine, une quantité immense de bijoux. La

Seine est passée Pactole. Comment ne pas croire cette histoire ? Voici, de M. le comte Beugnot, directeur général de la Police du Royaume, l'ordre, en date du 3 août, de faire payer par le caissier de la Police de Paris une somme de 800 francs, à raison de cent francs par chacun, aux huit plongeurs qui ont retiré les diamants de la Seine.

Le 4 août, à dix heures du matin, le commissaire Comminges a convoqué à l'hôtel du département de Police le bijoutier Bapst, Mme Malet de la Rochette, le baron de Marinville et le nommé Heuet, « détenu au dépôt dudit hôtel ». — Il s'agit, qu'on le remarque, de constater le vol commis par Maubreuil et Dasies, et ni Maubreuil, ni Dasies ne sont présents. Après que Bapst, aidé par son fils Constant, a lavé dans un baquet les objets trouvés et les a classés et rapprochés sur deux tables réunies, voici les splendeurs qui apparaissent : d'abord, le grand collier de Westphalie tout en brillants, le grand collier de la Légion à croix et couronne en brillants, des plaques et des décorations de la Légion, de la Couronne de fer, de l'Ordre de Westphalie, de la Toison d'or en brillants et en perles, des boucles de souliers et de jarretières en brillants et en perles, des bonbonnières avec cercles d'émeraudes et de perles, le portrait du roi sur émail entouré de quatorze

forts brillants, des chaînes de montres en brillants
avec le cachet de pierre précieuse aux armes de
Westphalie...

Tout cela vient de l'écrin du roi ; Martinville
l'atteste ; mais il déclare en même temps que ce
qui manque encore peut monter à cent mille francs
au moins.

C'est bien mieux à présent : cinquante-six épis
en brillants ; une garniture de fleurs en brillants
brisée en trente-six morceaux ; un gros peigne en
brillants à palmettes, brisé en six morceaux ; une
aigrette, une croix, trois bandelettes en brillants ;
une montre avec le portrait du roi, entouré de
douze brillants ; trois rangs de chatons — cent
vingt-trois brillants ; une paire de boucles d'oreilles
en brillants ; une parure complète en émeraudes
et brillants — le diadème en sept morceaux, la
ceinture en cinq ; une parure en rubis et brillants ;
une en brillants et turquoises ; une en brillants et
chrysoprases, un diadème en brillants ; de chacun,
toutes les pièces brisées, en six, sept, douze morceaux et, pareillement, une parure en rubis balais
et brillants, une en camées et perles, une en co-
raux gravés et perles, une en péridots et perles,
une en opales et or, une en turquoises et perles,
une en pierres de couleur, une en émeraudes
et brillants, une en pensées d'or et pierres de

couleur, une en chrysolites et or, une en grosses
perles, avec des paquets de perles enfilées et
de perles détachées ; puis, des bracelets de perles
à cadenas de brillants, cinq bracelets en pierres
de couleur et brillants, dix passants en pierres
de couleur et roses, arrachés d'une ceinture en
cheveux, des bandelettes en perles, des tabatières, des nécessaires en or, puis des brillants —
cent cinquante-six brillants détachés — et un tas
de débris de parures mises en morceaux, un tas
d'or qui pèse 2 kg. 820.

C'est l'écrin de la reine : Mme Malet le reconnaît ; il ne manque, en objets de valeur, qu'un
peigne en diamants évalué 12.000 francs, qui est
sans doute celui pêché et vendu par Heuet, un
rang de chatons, une agrafe de ceinture et une
boucle d'oreille en brillants ; Mme Malet estime le
tout à 43.000 francs.

On fait du zèle à présent : au quai de la Conférence, on construit un batardeau, on épuise l'eau
de la rivière à l'endroit où fut faite la première
trouvaille : on ramasse assez peu de chose.

Compte fait, recolement et comparaison, Marinville estime la valeur totale des objets manquants
à l'écrin du Roi à environ 4.000 francs, sans compter les miniatures et les objets de souvenir qu'on

ne saurait apprécier en argent. Un certain nombre de pièces qui avaient échappé à la première inspection, étant dissimulées dans les casiers à secret du nécessaire, y ont en effet été découvertes par Marinville ; d'autre part, une partie des diamants sur papier, d'une valeur de 95.390 francs, a été retrouvée dans le sable de la rivière ; on n'en avait pas fait d'abord mention dans le procès-verbal parce qu'on n'avait pu se convaincre sur-le-champ s'ils appartenaient au roi ou s'ils faisaient partie des brillants détachés des parures de la reine ; enfin, une parure en émeraudes et brillants a été réclamée par Mme Malet, quoique Marinville fût convaincu qu'elle appartenait au roi.

On est moins bien fixé sur ce qui manque en dernière analyse à l'écrin de la reine ; mais, en admettant qu'il n'eût été retrouvé aucun objet de valeur après l'estimation faite par Mme Malet le 4 août, en admettant que le bijoutier Mouton n'eût pas restitué les diamants qu'il avait achetés à la femme Heuet, on arriverait, au plus, les montures mises à part qui sont entièrement détruites, à une centaine de mille francs, à quoi il faut ajouter les 84.000 francs d'argent comptant.

En tous cas, le rédacteur des *Mémoires du roi Jérôme* a fortement amplifié lorsqu'il a écrit : « L'ensemble des objets ainsi retrouvés représen-

tait, en valeur, un peu moins de la moitié de ce
qui avait été enlevé à Fossard ». La reine elle-
même, pour des raisons facilement explicables,
grossissait au delà de la mesure la perte qu'elle
avait faite, lorsqu'elle disait à la comtesse Polo-
cka que « l'écrin retrouvé ne contenait plus que
pour 500.000 francs de bijoux ; que le reste, évalué
à plus de deux millions, avait disparu et qu'il n'en
fut plus jamais question ».

*
* *

« *La Pêche miraculeuse* », comme les Parisiens
sceptiques appelèrent cette opération de police, ne
convainquit personne, n'innocenta point « les
royalistes imprudents », n'inculpa point davantage
Maubreuil, et, après un siècle, elle soulèverait
encore de pareilles suspicions, même si l'on n'avait,
pour révoquer en doute la véracité et la sincérité
de Heuet ou de ses inspirateurs, le témoignage de
la reine.

Il faut voir que M. le comte Beugnot, directeur
de la Police, est un homme à romans, fort ama-
teur de comédie et passionné de mise en scène. Qui
a débuté par l'affaire du Collier, est digne de finir
sur l'affaire Maubreuil. M. Beugnot sait fort bien
que sa faveur et sa place dépendent de la bonne

humeur du Roi. Il faut l'amuser par quelque scène ingénieuse, lui épargner de fâcheuses réclamations et l'obligation, que l'Europe à quelque moment peut vouloir imposer, de sévir contre ces voleurs de grandes routes, amis de Monsieur. Heuet est employé depuis dix-huit ans au dépôt de la préfecture de Police ; c'est donc un homme de confiance qui ne trahira pas ceux qui l'emploieront. De là, une combinaison entre Beugnot, Heuet, entre les Vanteaux et autres, peut-être en passant par Vitrolles, et, moyennant les 400.000 francs versés par Jérôme, l'affaire conclue. C'est une hypothèse.

De penser que le hasard seul ait conduit Heuet de la rue de Jérusalem au quai de la Conférence, passé le pont Louis XVI, hors Paris en réalité, alors qu'il a sous sa ligne le petit-bras, et qu'il peut se poster si commodément à ces abords de l'Hôtel-Dieu où les bouches d'égoût et les immondices font la rivière délicieuse aux pêcheurs, nul n'est assez sot. Mais Heuet, dit-on, aura causé avec les domestiques de Maubreuil ? — Sans doute, au Dépôt, il a essayé de les faire parler, et l'on en a la preuve ; mais, à présent, où il se justifierait si facilement du recel qu'on lui impute en accusant les domestiques, d'où l'on remonterait à Maubreuil, il se tait avec une obstination admirable et, sans se couper, il réédite son histoire : qu'il lui a pris un matin fantaisie d'aller pêcher au quai de la Conférence et que cela lui est venu de soi, comme une inspiration. Quant aux domestiques qui sont soumis au même régime de prisonniers d'État que leurs maîtres, on les interroge, on les presse, on les tient au secret, on les en tire pour les entourer d'espions ; on n'obtient de leur part aucun aveu, ni aucun indice.

Les domestiques, pas plus que Maubreuil et Dasies, n'ont été amenés le 4 août pour reconnaître les bijoux, en présence de Bapst, de Marinville et de Mme Malet. Qui l'on a amené, c'est Heuet, lequel, s'il était sincère, serait bien quinaud d'avoir laissé échapper une telle aubaine ; mais, de ce qu'on lui montre, il n'a rien vu ni pu voir, puisque c'était dans la rivière. Les voleurs, Maubreuil et Dasies, on n'a eu garde de les confronter. Ce sera le 6 seulement qu'à huis-clos on représentera les bijoux à Maubreuil, lequel refusera de les reconnaître, disant que cette reconnaissance ne peut être faite que par Dasies qui était présent lors de l'ouverture des caisses à Fossard. Ce sera le 7 qu'on représentera les bijoux successivement à Dasies, à Colleville, à Prosper Lebarbier, à Fraitur et à Muller lesquels déclareront ne pas les reconnaître. Sans doute, pour certains, la dénégation peut être

un argument, mais, pour d'autres, n'est-ce pas une
vérité ? D'ailleurs, de ce qu'ils sont emprisonnés,
doit-on leur retirer tous leurs moyens de défense ?
Heuet ne peut être qu'un recéleur accidentel. S'il
y a des recéleurs formels parmi les prisonniers,
ce sont les domestiques de Maubreuil. De cela la
police est forcée de convenir : Bapst a déclaré que
les bijoux n'avaient pas séjourné plus de six se-
maines dans la rivière et voilà trois mois pleins
que Maubreuil est au secret.

A cela, on a une réponse prête : Maubreuil a
donné l'ordre à son domestique, Prosper Lebarbier, de jeter les bijoux dans la Seine. A preuve,
on représente, cette lettre mystérieuse qu'on dit
avoir trouvée chez Prosper, lors d'une perquisition et qu'on attribue à Maubreuil : « Nous
sommes arrêtés. Je ne sais pourquoi. Ne t'inquiète
pas de cela. Songe pourtant à mes intérêts en
mon absence. Dis à ta femme de faire ensabler le
dernier vin qu'elle a reçu. S'il venait à tourner,
ce serait un grand malheur. Dis à Henri (Fraitur)
de bien travailler. Je compte bien sur ta femme.
Dis-le lui. Si ce vin aigrissait, ce serait un malheur irréparable ; qu'elle en ait bien soin, qu'elle
n'en fasse boire à personne. »

Cela, dit-on, est clair. Le vin qu'on ensable ce
sont les diamants et comme, prétend-on, Mau-

breuil aurait parlé, dans une autre lettre, du septième arbre placé près de la maison, il aurait ainsi désigné la septième rangée des arbres plantés sur l'Esplanade des Invalides, en face de laquelle, sur l'autre bord, était la cachette.

Cela est fort bon et la police est ingénieuse à trouver ces explications. Mais les prisonniers nient; mais « Maubreuil a eu, chez un sieur Bluté, pour 8.000 francs de vins qui ont été confiés ou cédés à un sieur Marchand son associé. J'en ai la pièce en main », dira un des avocats de Maubreuil. Et, pour la lettre, dont il conteste l'autenticité, « de quelle date est-elle? De quel lieu vient-elle? Comment Maubreuil aurait-il écrit à Prosper, son domestique? Il a été arrêté tout à coup le 26 et jeté au secret. Il lui a été impossible, dans l'état de séquestration où il était, de communiquer avec le dehors ». D'ailleurs, Prosper n'est pas marié. Comment Maubreuil aurait-il compté sur la femme de Prosper et lui aurait-il fait ses recommandations? Vraie ou fausse, la lettre n'éclaircit rien.

Pourtant, c'est bien du côté de Prosper qu'il conviendrait sans doute qu'on cherchât, si toute cette enquête n'était pas une comédie. Dans cette pêche miraculeuse, on a retrouvé en même temps les objets appartenant au roi et les objets appartenant à la reine; c'est-à-dire, d'une part, les objets enfermés dans le nécessaire qui fut emporté de Fossard à Chailly et de Chailly à Versailles, qui fut ouvert à Versailles, remporté et rouvert par Maubreuil, rue Neuve-de-Luxembourg, puis entreposé, rue Taitbout, chez Vanteaux et enfin remis à Vitrolles; et, d'autre part, les objets enfermés dans les cassettes qui ont été expédiées directement de Chailly rue Taitbout, gardées vingt-quatre heures par Vanteaux et remises par lui à Vitrolles.

Maubreuil a eu pendant trois jours la disposition du nécessaire, pendant une nuit la disposition des cassettes; mais de même Vitrolles. Peut-on penser que, en moins de douze heures, dans une chambre d'auberge où l'on a perquisitionné et où l'on n'a rien retrouvé, sans outils que l'on connaisse, Maubreuil et Dasies aient pu briser en dix, vingt, trente morceaux, plus de deux cents montures en or?

Il faudra donc que Maubreuil ait confié ce travail à quelqu'un? A qui, sinon à Prosper Le Barbier, « que la famille de Maubreuil avait recueilli lorsqu'il était abandonné sans nom, sans asile, sans famille et incapable d'en avoir une, qui avait été le compagnon des jeux de Maubreuil durant son enfance et, depuis, son serviteur pendant près de vingt ans » ?

Prosper devra donc être poursuivi comme complice de Maubreuil et à l'égal de Maubreuil; or,

comme on verra, Prosper sera mis hors de cause
et relaxé, alors que Maubreuil sera condamné. Et,
par la suite, on retrouvera ce valet de Maubreuil,
Prosper Lebarbier, devenu Lebarbier de Sérigny,
propriétaire, à Rouen, d'une importante fabrique
de noir animal, en société d'affaires avec M. le
comte de Bouays de Coësbouc, — l'ancien associé
de MM. de Vanteaux et de Geslin dans la manutention des Vivres-viande; en relations familières
avec M. Lebrun, notaire à Paris; en intimité avec
le marquis de Brosse, celui-là qui, à dater de 1815,
est mêlé à toutes les aventures de Maubreuil. On
le trouvera en 1825 achetant et payant à Maubreuil
le droit aux indemnités que celui-ci a à prétendre,
selon la loi du 27 avril, dans les départements de
la Loire-Inférieure et de la Vendée; on le trouvera vendant au même Maubreuil une papeterie
sise dans la vallée de Montville et qui fera l'objet,
devant le tribunal de Rouen, d'un procès singulièrement compliqué.

Lebarbier de Sérigny, « ce valet auquel la fortune a souri dans le même temps où elle entas-
sait tous les maux imaginables sur la tête du
maître », cet homme dont l'enrichissement a été
si rapide, qui se trouve en amitié avec toute une
partie de la bande Vanteaux, et auquel la justice
n'a garde de demander des comptes, ne pourrait-

il fournir le secret des pêches miraculeuses ? Si ce n'est lui qui a reçu les 400.000 francs de Jérôme, il est bien probable qu'il en eut au moins sa part — à moins qu'il n'eût aussi prélevé quelques épaves sur des écrins westphaliens.

V

LA JUSTICE DU ROI

S'il reste des doutes sur la personnalité des voleurs et des recéleurs, il n'en subsiste aucun sur l'étendue des complicités ni sur la volonté qu'a le Gouvernement royal de les couvrir.

Vitrolles avait commis la faute d'arrêter Maubreuil et ses complices. Mais Maubreuil et Dasies n'étaient encore que des prisonniers d'Etat : les poursuivrait-on en justice ? Le 31 mai, alors que Maubreuil était depuis un mois sous les verrous, rien n'avait encore été décidé à ce sujet. Pourtant, l'empereur de Russie et le roi de Wurtemberg insistaient et il fallait avoir l'air de faire quelque chose. Louis XVIII se détermina en effet à avoir l'air et ce fut en cette forme inusitée qui peut sembler médiocrement conforme à l'esprit de la Charte octroyée :

« Ouï le rapport sur l'accusation intentée au

sieur de Maubreuil et consorts d'un vol de diamants commis près de Nemours, au mois d'avril
dernier,

     « Le Roi décide

     « Que les pièces de cette affaire seront commu-
niquées à M. le Chancelier qui jugera si elle est
on non susceptible d'être renvoyée devant les tribunaux ordinaires. En cas d'affirmative, notre
directeur général de la Police est autorisé à renvoyer les pièces et les prévenus devant les tribunaux ; en cas de négative, il prendra nos ordres
sur les mesures de haute police à appliquer.

               « *Signé :* Louis. »

     « *Contre signé :* Beugnot. »

Il fallut deux mois au chancelier Dambray pour
juger s'il y avait lieu de saisir les tribunaux ordinaires : encore eût-il pris plus de temps encore si
l'empereur Alexandre n'avait renouvelé ses réclamations. Enfin, le 27 juillet, il saisit le tribunal,
— non pas à la vérité le tribunal dans le ressort
duquel le vol des diamants a été commis, mais le
tribunal de la Seine. Comment le tribunal de la
Seine jugera-t-il un crime commis à Fossard

(Seine-et-Marne)? C'est que le Chancelier a écarté le vol à main armée sur une grande route. Que la ci-devant reine de Westphalie ait été dévalisée à Fossard par Maubreuil et Dasies, assistés de mameluks et de chasseurs de la Garde, cela ne compte pas. Ce qui compte, c'est que, si l'on retenait le crime, il faudrait traduire devant la cour d'assises Roux-Laborie, qui fréquente en ami le cabinet du procureur du Roi, Courtin, et qui par lui est mis au courant de tout, quoique Courtin affirme « qu'il ne lui dit que ce qui ne nuira nullement au secret de ses opérations »; il faudrait citer comme témoins et faire paraître à la barre les Français qui ont donné les ordres : Dupont, Anglès, Bourrienne; les officiers qui ont été requis, Kirmann et Georges; les victimes — sinon la reine, au moins Furstenstein et sa femme; les témoins, postillons, aubergistes, paysan propriétaire de la patache, puis les dépositaires successifs des diamants : Vanteaux, Geslin, Vitrolles, tout le personnel de la Secretairerie d'Etat, les capitaines des Gardes de Monsieur, qui sait! Monsieur lui-même, le roi de demain.

Il ne saurait y avoir crime : la raison d'État l'interdit. Il faut pourtant une apparence de jugement qu'on puisse présenter à l'Europe. Eh bien ! M. le Chancelier décide qu'il y a délit, un petit délit, qu'à la vérité il est assez embarrassé pour caractériser, mais il s'en rapporte pour cela à un tribunal complaisant qui découvrira une inculpation telle que l'affaire soit correctionnalisée et qui ensuite usera, pour l'étouffer, d'un de ces procédés que tiennent en réserve, dans l'arsenal de la légalité, des juges complaisants.

*
* *

Maubreuil pourtant ne semble pas décidé à se laisser faire. Le 4 août — sait-il alors que la pêche miraculeuse a été ordonnée l'avant-veille? — il annonce au Chancelier qu'il se croit délié par le Gouvernement de l'obligation où il était de taire le but de sa mission. « Sans doute, écrit-il, il entre dans le plan du Gouvernement que tout soit bien *connu*. Croyez, Monseigneur, que tout le sera suffisamment, que je le servirai merveilleusement à cet égard; j'ai cru devoir vous en prévenir afin d'éviter tout reproche à cet égard. A présent, je me regarde comme très libre, comme délivré de tous mes engagements avec les ministres, avec le Gouvernement; je regarde mon silence comme inutile aux intérêts du Roi; puisque vous le jugez ainsi, je dois le croire. ».

Dambray est trop avancé pour reculer et ne veut

pas paraître céder à des menaces. L'ordre qu'il a donné le 27 juillet est exécuté le 12 août par le directeur général de Police, lequel, par une ordonnance longuement motivée, renvoie devant le procureur du Roi Maubreuil, Dasies, Colleville, Prosper Lebarbier, Fraitur et Muller comme prévenus d'être les auteurs ou les complices du vol des caisses et de l'argent appartenant à la princesse Catherine, d'avoir jeté ou fait jeter dans la Seine une partie des bijoux provenant du vol et d'avoir soustrait ou aidé à soustraire l'argent. Heuet est prévenu d'avoir, à l'instigation de Fraitur ou de Barbier, retiré de la Seine et recélé les bijoux. Vanteaux est mis définitivement hors de cause.

Bien que Beugnot se soit attaché à écarter toutes les circonstances aggravantes, bien qu'il n'ait retenu ni le vol à main armée, ni le vol sur un chemin public, il semble bien difficile que le parquet, s'il a un chef intègre, ne renvoie pas Maubreuil et Dasies au moins devant la chambre de mise en accusation et de là devant la cour d'assises. C'est ce que Dambray veut éviter à tout prix. Il suit l'instruction jour par jour et reçoit la copie de toutes les pièces qui ont quelque importance. Mais le procureur du Roi, Courtin, paraît s'émanciper : Dambray le morigène et Courtin lui répond le 3 septembre : « J'ai beaucoup réfléchi, Monseigneur, aux garanties de zèle et d'attachement que Sa Majesté doit attendre de tout fonctionnaire et surtout du ministère public. Je suis depuis longtemps décidé à les donner. J'en chercherai les occasions et je saisirai avec empressement celles que Votre Grandeur aurait la bonté de m'offrir. Elle verra ce que je suis capable de faire lorsque j'ai juré de bien servir. »

Cela pouvait passer pour un engagement, mais l'homme néanmoins inspirait des doutes et le mieux était de classer l'inculpation en donnant de l'air aux inculpés. Ensuite, on prendrait un bon jugement par contumace et l'on serait quitte.

Le 11 octobre, Maubreuil et Dasies ont été extraits de la Grande-Force pour être conduits au Palais de justice où ils ont été entendus par le juge d'instruction. Ensuite, un huissier et un employé les reconduisent en fiacre à la prison. Au moment où le fiacre arrive sous l'arcade Saint-Jean, un individu se jette à la tête des chevaux et coupe les rênes ; pendant que le cocher descend de son siège, d'autres individus brisent les glaces et ouvrent les portières. Dasies et Maubreuil sautent hors de la voiture. Dasies s'enfuit par le tourniquet Saint-Jean ; Maubreuil est repris. L'huissier

prétend qu'il s'est débattu, qu'il l'a égratigné.
Maubreuil affirme qu'il n'a jamais voulu se sauver, qu'il n'est descendu du fiacre que par un
mouvement machinal, « que la fuite ne réhabili-
terait pas son honneur et qu'il ne consentira à
devenir libre qu'après une réparation ordonnée
par les tribunaux ».

On a voulu que cette tentative d'évasion ait été
organisée par les parents et amis de Maubreuil,
entre autres Auguste de La Rochejacquelein,
assisté du marquis de La Grange. La Rochejac-
lein, La Grange ne se cachaient point. On savait
où les prendre : La Rochejacquelein, premier lieutenant, avec rang de colonel, dans la compagnie
de Grenadiers à cheval de la Maison du Roi ; La
Grange en état constant de sollicitation pour l'emploi de colonel de la Garde royale de Paris. S'ils
étaient soupçonnés que n'étaient-ils arrêtés ? S'ils
étaient coupables que n'étaient-ils jugés ? Par application de l'article 239 du Code pénal, ils étaient
passibles d'un emprisonnement de trois mois à deux
ans. Où sont les poursuites ? Et contre l'huissier
Aubry et son employé Beaulieu, passibles, aux
termes des articles 237 et 238, d'un emprisonnement de deux à dix mois pour le moins, où est le
réquisitoire du procureur du Roi ?

Il n'y en a point. Personne n'est arrêté, personne n'est inculpé. Dès lors, ne doit-on pas admettre la version de Maubreuil : « M. Beugnot, dit-il, d'accord avec le chancelier Dambray, avait employé ses agents à cette exécution, afin s'il était possible, d'anéantir l'affaire. »

Loin de se laisser abattre par l'échec de son évasion prétendue, Maubreuil, trois jours après, se retrouve, non pas accusé mais accusateur. Il prouve qu'il sait beaucoup de choses, qu'il connaît beaucoup de gens et qu'on n'aura pas raison de lui si facilement.

Le 13 octobre, un débat des plus animés s'est engagé à la Chambre des députés au sujet d'un marché conclu, au mois de juillet précédent, entre le ministre de la Guerre et les sieurs Doumerc et Ouvrard, pour la fourniture des Vivres-pain. Doumerc et Ouvrard avaient obtenu 21 centimes par ration, alors que plusieurs autres compagnies, entre autres une compagnie Hellot, offraient de fournir à 19 centimes. Comme des intérêts se trouvaient en concurrence, des plaintes avaient été formées et le scandale avait éclaté. Autrement, s'il ne s'était agi que de l'Etat, on se serait tu. La Restauration de 1814, c'est la curée.

Un député, M. Lemotheux d'Audier, pour justifier le ministre de la Guerre et discréditer la compagnie Hellot, a rappelé que « cette maison s'était autrefois associé un nommé Maubreuil, aujourd'hui détenu pour avoir participé au vol fait à la reine de Westphalie; » l'argument quoique singulièrement hors de propos a porté; mais Maubreuil saisit aussitôt la plume pour réfuter « la sortie très indécente qu'on a faite contre lui. » Après avoir établi qu'il n'avait pas recherché l'association avec MM. Hellot et Marchand, que c'était lui au contraire qui, sur la haute réputation du premier, s'était associé cette maison de préférence aux maisons les plus considérables de Paris, pour l'affaire du ravitaillement de Barcelone, il prend l'offensive en écrivant : « M. Lemotheux d'Audier a eu tort de se permettre contre moi cette insolente agression, parce que, s'il tient à être mieux informé, il aurait su que mes rapports avec le Gouvernement provisoire m'ont mis dans le cas de connaître parfaitement les arrangements secrets qui existent entre MM. Talleyrand et Ouvrard, *son prête-nom*; il aurait su que moi-même, j'ai eu, moi-même, étant accompagné par MM. Marchand et Laborie, plusieurs conférences avec M. Ouvrard, relatives aux affaires de l'Administration de la Guerre ; que celui-ci s'est expliqué vis-à-vis de moi on ne peut plus clairement sur ses arrangements secrets avec M. de Talleyrand. »

Maubreuil fait voir ainsi, en menaçant le représentant du Roi au Congrès de Vienne, qu'il a des armes et, non seulement contre celui-ci, mais contre bien d'autres. Au surplus, il va le dire tout crûment à Dambray dans une note où, précisant chacun de ses griefs, il annonce que lui, Maubreuil, est en voie de rompre le silence :

« *S'il parle*, il rend compte des ordres qu'il a remplis et de ceux qui lui restaient à exécuter ; il déchire le voile qui couvre encore ses ordres et les personnages puissants qui les lui ont donnés ;

« *S'il parle*, il réveille les partis, il enflamme les passions et il attire des haines sur des têtes dont l'impunité importe politiquement aux affaires de la France et à l'affermissement des nouveaux souverains ;

« *S'il parle*, il livrera à l'opinion et à l'esprit de parti des victimes et il apprendra à des hommes qui, fiers d'une prospérité de quatre jours, se rient de ses peines, ce que l'on souffre dans les fers et ce que pèse une prévention de vol à main armée. »

Un tel langage n'est pas celui d'un coupable qui a tenté par l'évasion de se soustraire à la justice ; il est celui d'un bandit qui, s'adressant à ses complices, les somme de faire, par leurs magistrats, déclarer son innocence.

De son côté, Dasies, qui, sous le nom de Louis, a trouvé asile aux Ternes dans une maison que M. Couture, avocat de Maubreuil, avait louée pour son client lorsqu'il serait hors de cause, Dasies écrit au Chancelier une lettre où, justifiant son évasion par les cent six jours de secret et les six mois d'emprisonnement qu'il a subis sans que son affaire fît un pas, il déclare qu'il se tient à la disposition de la justice et que, s'il arrive contre toute équité qu'il soit mis en accusation, il paraîtra pour se défendre, pour affirmer que, « comme porteur d'un ordre supérieur, il ne devait régulièrement compte qu'aux personnes qui l'avaient chargé de cet ordre. » Bien plus, Dasies publie un mémoire, rédigé par Couture, où il met en cause Vanteaux, Geslin, Vitrolles, Anglès ; où il affirme, en son nom et au nom de Maubreuil, « que s'ils eussent eu une bassesse à se reprocher, il leur eût peu coûté de s'en rédimer par une autre bassesse, en acceptant, dans leur prison, l'offre qui fut faite vingt fois de leur donner une somme considérable et de les rendre à la liberté s'ils consentaient à indiquer le lieu où les diamants recherchés étaient déposés ; où il prouve que toutes les circonstances aboutissent à Vanteaux « qui, dit-il, se trouve dans une position qui l'oblige de prouver qu'il est étranger à la soustraction, à la possession, à l'immersion et à la mystérieuse restitution des diamants ».

Derrière Vanteaux, voici le comte d'Artois mis en cause. C'est ce que le gouvernement de Louis XVIII veut à tout prix éviter et, pour y parvenir, le chancelier de France, en même temps qu'il fait donner à Dasies, par M. de la Rochejacquelein, l'assurance qu'il ne court aucun danger pourvu qu'il ne publie rien de ce que lui a dit Maubreuil, n'hésite pas, en ce qui touche Maubreuil, lui-même à violer ouvertement les règles les plus élémentaires de la justice.

*
* *

Le 21 novembre, par l'intermédiaire du comte Zeppelin, chargé d'affaires de Wurtemberg à Paris, le Gouvernement royal fait savoir au roi Jérôme et à la reine Catherine que « les diamants seraient rendus si l'on se désistait de faire juger le sieur Maubreuil. » Cette déclaration officielle est transmise, le 6 décembre, par le roi de Wurtemberg à sa fille : le 14 décembre, Jérôme et Catherine, dont les diamants volés constituent en grande partie la fortune, acquiescent en termes

qui, à la vérité, flétrissent ceux qui ont organisé
ce chantage et proposé ce marché. Il n'y a plus de
plaignants, mais reste l'action publique, et Courtin, s'il a paru se soumettre d'abord aux ordres
du Chancelier, n'a pu tenir contre sa conscience.

Le 28 novembre, il a fait déposer par un de ses
substituts des réquisitions tendant : « 1° que les
nommés Demaubreuil, Dasies et Barbier prévenus
du crime prévu par l'article 283 du Code pénal
fussent renvoyés devant la chambre d'accusation
de la Cour royale ; 2° que le nommé Mouton fût
traduit en police correctionnelle pour avoir con-
trevenu aux articles 1 et 2 de l'ordonnance de 1780 ;
3° qu'il fût dit n'y avoir pas lieu à suivre contre
les nommés Colleville, Muller, Fraitur et Huet. »

Cela est aller nettement contre les volontés du
Chancelier, mais Courtin paraît avoir eu des idées
assez rigides sur les droits et les devoirs du Ministère public. M. Dambray avise donc à trouver des
caractères plus flexibles ; il mande M. Try, président du Tribunal de la Seine, l'entretient de la
situation de l'affaire Maubreuil « et de la direction
d'incompétence qu'il était à désirer qu'on pût lui
donner. » Les termes de l'ordonnance sont arrêtés
entre Dambray et Try. Mais Courtin l'apprend et,
le 30 novembre, il écrit au Chancelier, que « lorsqu'il y a une telle contradiction entre le réquisi-

toire et l'ordonnance, il y forme toujours opposition dans les vingt-quatre heures et défère ainsi la difficulté à la Cour suprême. Je serais désespéré, ajoute-t-il, de rien faire, dans cette circonstance comme dans toutes les autres, qui puisse contrarier les intentions de Votre Grandeur, mais je la supplie de me les faire connaître par une réponse confidentielle, afin que je ne sois pas exposé au reproche que M. le Procureur général pourrait m'adresser de n'avoir pas suivi, dans cette circonstance, la marche adoptée jusqu'ici. »

Mis au pied du mur, le Chancelier répond le 1ᵉʳ décembre :

« Ce n'est, monsieur, qu'après avoir réfléchi mûrement sur le grave inconvénient de soumettre à une instruction publique une affaire de la nature de celle de M. de Maubreuil que j'ai trouvé qu'il y aurait de l'avantage à déclarer franchement l'incompétence qui paraît résulter de la circonstance que cet accusé aurait prévariqué en exécutant un ordre ministériel.

« Je ne pouvais assurément rien prescrire aux juges saisis de l'affaire, mais je suis très disposé à approuver leur jugement et je désire que vous ne mettiez pas d'entraves à son exécution par une opposition ou un appel dont vous pouvez vous dispenser. Je vous remercie de m'avoir consulté avant de prendre cette mesure. »

Le 3 décembre, comme il a été convenu, le Président Try rend cette ordonnance : « Attendu que les faits imputés à Maubreuil, Dasies et autres inculpés, desquels il pourrait résulter contre eux une prévention de crime ou de délit, auraient eu lieu par suite de l'abus qu'ils auraient pu faire d'ordres émanés de l'autorité supérieure et militaire, qu'à cette autorité seule appartient le droit d'en connaître ; Renvoyons l'affaire et les parties devant l'autorité compétente. Notre présente ordonnance sera transmise à M. le Chancelier de France. »

Ainsi, pour éviter les inconvénients graves d'un débat public, Dambray — et, avec lui et par lui, le Roi — n'hésite pas à avouer que des ordres ont été donnés à Maubreuil par l'autorité supérieure et militaire, et qu'il connaît ces ordres, puisqu'il accuse Maubreuil de les avoir transgressés. Si ces ordres n'étaient pas de voler la reine de Westphalie, quels étaient-ils ?

M. Dambray n'y voit pas si loin. Pour arrêter les propos indiscrets, il lui faut un papier ; ce papier, les magistrats le lui donnent, cela suffit : il n'a nulle intention de le rendre public, tout au contraire. C'est un homme qui s'embusque derrière des barricades de papier timbré, croyant sans doute que le timbre y donne une authenticité historique que ne sauraient avoir ses confidences sur papier libre. D'ailleurs, fort timoré. Ayant reçu du Roi, le 31 mai, la mission de décider, il pouvait — devait peut-être — déclarer, en son âme et conscience, comme royaliste et comme homme d'État, qu'il y avait un inconvénient majeur à suivre et que l'affaire Maubreuil était du ressort de la haute police. Mais, dès qu'il avait pris la décision de livrer l'affaire à la justice, il devenait piteux en embrayant successivement, comme il faisait, chacun de ses rouages, afin de détourner les responsabilités et de préserver sa simarre de la boue dont il couvrait les robes de ses juges.

A présent ce n'est plus à Try ou à Courtin qu'il s'adresse, c'est au ministre de la Guerre, à Soult qui, le 3 décembre, a succédé à Dupont. Dambray lui renvoie le 12 les pièces de la procédure, avec cette annotation : « Il ne m'appartient pas de prononcer moi-même sur une affaire qui rentre dans les attributions de Son Excellence le ministre de la Guerre puisque c'est en exécutant les ordres qu'il avait donnés que le délit dénoncé avait été commis. C'est donc au ministre de la Guerre à prendre dans sa sagesse le parti qui lui paraîtra convenable. J'arrête qu'il sera fait un inventaire

des pièces qui m'ont été adressées et qu'elles
seront envoyées à M. le maréchal duc de Dalmatie
avec invitation de m'en accuser la réception. »

Le maréchal accusa la réception, mais, quant à
prendre un parti, il n'eut garde. Maubreuil gagna
seulement, à l'ordonnance de M. Try, d'être transféré de la Grande-Force à l'Abbaye, où d'ailleurs
il fut détenu au secret le plus absolu. Nulle information ne fut ouverte ; nul juge militaire ne fut
commis : que parle-t-on de la Bastille ou du fort
de Joux ? Voici l'*in pace* [1].

Seulement, le 19 mars 1815, la veille du jour
où l'Empereur, revenant de l'île d'Elbe, va rentrer à Paris, le duc de Raguse, capitaine des Gardes
en quartier, envoie un de ses aides de camp dire
au secrétaire général adjoint du ministère de la
Guerre que « l'intention du Roi était que M. de
Maubreuil fût mis en liberté. » Cet ordre est transmis au général Maison, gouverneur de Paris, qui
donne des instructions en conséquence au concierge de l'Abbaye. Le secrétaire général de la
Guerre, fonctionnaire zélé, écrit en même temps,

[1] Une pièce tout à fait étonnante des dossiers de Douai semble
indiquer que, le 13 mars 1815, le général Maison, gouverneur de
Paris, aurait ordonné de traduire tous les prévenus devant le
conseil de guerre. Or, aucune instruction n'avait été commencée
et aucun juge commis depuis le 12 décembre.

à dix heures du soir, à **M.** de Blacas, ministre de la Maison du Roi : « Je crois devoir faire observer à Votre Excellence que cette mesure serait incomplète, si les pièces de la procédure n'étaient détruites. Je vous prie en conséquence de prendre les ordres du Roi et de me les transmettre. » Le Roi, qui dans la précipitation de son départ, oubliait sur son bureau les papiers les plus intimes, n'eut garde de s'arrêter à ces détails : M. de Blacas ne donna point d'ordres et le secrétaire général du ministère de la Guerre ne prit pas sur lui de détruire le dossier. Ses bonnes intentions devinrent inutiles.

Ainsi le Roi, au mépris de la Charte et de la Loi, a paralysé la justice et, durant onze mois, a fait tenir en prison un individu qui n'est pas même inculpé : le Roi connaissait donc le fond de l'affaire ; il savait qu'elle mettait en cause, non pas le Gouvernement provisoire dont il n'avait nul souci à prendre, mais son frère, son héritier présomptif, Monsieur, comte d'Artois, ci-devant lieutenant général du Royaume ; il savait que l'honneur de sa Maison serait en péril si Maubreuil était régulièrement jugé, car Monsieur, soit qu'il eût commandé l'assassinat, soit qu'il eût ordonné le vol, soit qu'il eût profité, pour

lui-même ou pour ses amis, des dépouilles de la
reine de Westphalie, avait eu pour ses agents
Maubreuil et Dasies et il était, moralement au
moins, leur complice. Le Roi avait empêché Maubreuil de parler en le tenant au secret du 25 avril
1814 au 19 mars 1815, mais, devant les juges civils
et militaires que l'Empereur revenu ne manquerait pas de lui donner, Maubreuil parlerait, les
avocats parleraient, les témoins parleraient. Ne
pouvant tuer Maubreuil, ou y répugnant, Louis
XVIII le fit mettre en liberté.

*
* *

Et les diamants ?

Rachetés des voleurs pour 400.000 francs, repêchés miraculeusement dans la Seine, ils n'en restaient pas moins aux mains de la justice royale,
c'est-à-dire du Roi. Si Monsieur les avait fait voler,
Louis XVIII les avait trouvés de bonne prise et il
les gardait.

Le traité du 11 avril 1814 avait garanti aux
princes et aux princesses de la Famille de l'empereur Napoléon « tous les biens, meubles et
immeubles, de quelque nature que ce soit, qu'ils
possédaient à titre particulier » (art. vi); il avait
stipulé que les Hautes Puissances donneraient

tous les sauf-conduits nécessaires pour leur libre voyage « ainsi que pour le libre passage de tous les équipages, chevaux et effets leur appartenant » (art. XIV). Les membres du Gouvernement provisoire, requis, par un protocole en date du 10 avril, « à remettre aux plénipotentiaires de l'empereur Napoléon une déclaration contenant leur adhésion et leur garantie pleine et entière aux stipulations du dit traité qui concernaient la France », avaient formulé le 11 cette adhésion par une déclaration qu'ils avaient tous signée. Le 31 mai, le prince de Bénévent, au nom du roi Louis XVIII, avait remis aux plénipotentiaires des puissances alliées la déclaration suivante : « Le soussigné, ministre secrétaire d'Etat au département des Affaires étrangères, ayant rendu compte au Roi de la demande que Leurs Excellences Messieurs les plénipotentiaires des cours alliées ont reçue de leurs souverains de faire relativement au traité du 11 avril auquel le Gouvernement provisoire a accédé, il a plu à Sa Majesté de déclarer, en son nom, que les clauses du traité à la charge de la France seront fidèlement exécutées. Il a en conséquence l'honneur de le déclarer par la présente à Leurs Excellences. »

Cette déclaration n'a fait que confirmer un état de choses existant puisque, dès le 8 mai, le Roi a donné « ordre au commissaire provisoire de l'Intérieur de faire restituer aux membres de la famille de Bonaparte les meubles et effets qui leur appartiennent, excepté ceux provenant de la Couronne qui seront réintégrés au garde-meuble ».

En fait comme en droit, Louis XVIII a donc reconnu la validité du traité du 11 avril. Vainement voudrait-on objecter qu'il n'a point ratifié le traité dans les formes. Un gouvernement ne ratifie que les traités auxquels il a participé. Louis XVIII n'a pas été partie au traité qui a eu pour objet d'assurer aux puissances alliées, par l'abdication de Napoléon sous les conditions qui y sont stipulées, les moyens de faire accéder le comte de Provence au trône qu'ils lui livraient ; mais, s'il n'y a point eu ratification, la déclaration doit suffire : il y a parole de roi et cette parole a été prononcée devant l'Europe.

Le roi Jérôme a entreposé à Paris, rue Taitbout, n° 15, un mobilier immense et d'une grande valeur. Il en a fait annoncer la vente dans les *Petites Affiches* des 10 et 11 juin. Gayl et Filleul ont été chargés d'y veiller. « Son Excellence le comte de Blacas, ministre de la Maison du Roi, veut voir par lui-même ce mobilier et cette argenterie ; il trouve ces objets d'une magnificence vraiment royale, et, en conséquence, il annonce l'intention de les acquérir pour son hôtel particulier et veut qu'il soit procédé à une nouvelle estimation par ses hommes de confiance. Ce dernier travail et les propositions qui en résultent font connaître que M. le comte de Blacas offrait beaucoup au-dessous de 200.000 francs de tout le mobilier (dont deux objets seuls avaient coûté 180.000 francs) et qu'il voulait que toute l'argenterie lui fût cédée au poids. »

Les mandataires de Jérôme ne peuvent accepter une telle proposition qui serait désastreuse; Filleul s'adresse à Beugnot, directeur général de la Police, et le prévient qu'il est chargé de se rendre en Italie avec tout le mobilier. Beugnot fait délivrer les passeports nécessaires et, sur la demande présentée par Filleul, écrit en marge cette note : « M. Beugnot fait dire à M. Filleul qu'il peut partir et emporter le mobilier. » Sur quoi, Filleul fait tout emballer et forme un convoi de cent deux colis dont il prépare le transport au Havre où ils seront chargés, à destination de Livourne, sur le brick « l'Océan » de 150 tonneaux.

Entre temps, les 2 et 3 août, les diamants ont été repêchés dans la rivière ; Mme Malet de la Rochette et M. de Marinville les ont reconnus, Bapst père et fils les ont identifiés d'après les inventaires qui sont déposés à la préfecture depuis le 26 avril et d'après les doubles des factures des bijoutiers qui les ont fournis. Nul doute ne s'élève, ni sur la provenance des objets retrouvés, ni sur le droit de propriété de Jérôme et de Catherine. Néanmoins les diamants n'ont pas été restitués : ils sont retenus comme pièces à conviction dans le procès qui ne manquera pas d'être intenté à Maubreuil ; c'est là une simple formalité ; ni Jérôme et Catherine et leurs mandataires n'ont le moindre soupçon qu'on puisse contester la remise des diamants; ni les hommes de police et de justice n'élèvent à ce sujet la moindre prétention.

Cependant dans le Conseil du Roi on a commencé à discuter au sujet du traité du 11 avril. Une première escarmouche a eu lieu le 27 juin et le Roi a paru rejeter l'acceptation sur le Gouvernement provisoire. En août, la présence de Marie-Louise à Aix motive des récriminations : les rapports venimeux de Beugnot contre les Bonaparte inspirent des observations ; on conteste la propriété des rentes immobilisées. Enfin, le 5 septembre — c'est-à-dire au moment même où il est avisé du prochain départ de ce mobilier qu'il a voulu se faire livrer à bon compte — M. de Blacas déclare au Conseil qu'il ne comprend pas comment les Bonaparte, conservent leurs propriétés ; le chancelier Dambray ajoute qu'il ne peut concevoir comment leurs biens ne sont pas saisis et dit que le Roi devait ordonner de les séquestrer. Le Roi dit qu'il n'a pris aucun engagement vis-à-vis des Bonaparte, mais qu'il en a pris, vis-à-vis de l'empereur de Russie, pour les biens des Beauharnais. Un autre membre propose que le Roi demande le compte des propriétés de cette famille pour faire ce qui conviendra. M. de Blacas propose de les réunir, non au domaine de la Couronne, mais au domaine de l'Etat, à l'exception des 400.000 francs de rente que le Roi a promis à madame Hortense, duchesse de Saint-Leu. Après quelques réserves présentées par le général Dessoles en faveur d'Eugène de Beauharnais et de la reine d'Espagne, laquelle mérite une exception, le Roi donne l'ordre au ministre des Finances de lui présenter un état des biens existants de cette famille,

Aucune mesure n'a été prise par le Conseil et pourtant, le 9 octobre, au moment où, muni de l'autorisation de Beugnot, Filleul s'apprête à faire partir les caisses contenant le mobilier, un commissaire de police se présente rue Taitbout, n° 15 et appose les scellés sur tous les meubles et effets qui y sont déposés, Gayl et Filleul protestent ; ils n'obtiennent pas même qu'on leur réponde. Gayl

se détermine alors à se rendre auprès de Jérôme,
qui est maintenant à Trieste, afin de prendre directement ses ordres.

Aussitôt que Gayl a rendu compte à la reine et
au roi de ce qui s'est passé, Catherine écrit à son
père, se réservant d'envoyer Gayl lui-même à
Vienne près de l'empereur Alexandre. Le 4 novembre, le roi de Wurtemberg, le premier informé,
adresse un rescrit impératif à son ministre à Paris,
lui ordonnant de répéter tout ce qui appartient à
la princesse. Sa haine contre Jérôme l'a porté à
ne point parler de ce qui appartient à celui-ci et
Catherine lui fait justement observer que cette
omission peut permettre à la cour de France d'opposer à la réclamation des contestations interminables. « N'est-il pas à craindre, lui écrit-elle, que,
séparant mes droits de ceux de mon époux, on ne
s'empresse de restituer à votre ministre à Paris,
ce que j'ai apporté en mariage et que, par consé-
quent, au lieu de trois millions que valent les objets qu'on nous retient injustement, on ne me rende
que ce qui est strictement stipulé dans ledit con-
trat dont l'original est encore dans les archives de
Paris? » Et elle suggère que si l'on fait ces observations au comte de Zeppelin, il réponde que le
roi son époux lui a fait don de tous ces objet, ce
que le roi ne démentira pas.

Les démarches du comte Zeppelin l'amènent à formuler, dans une note en date du 21 novembre, les résultats de ses entretiens officiels avec les ministres français ;

« 1° Les diamants seront rendus si l'on se désiste de faire juger le sieur Maubreuil ;

« 2° Une fois ces diamants rendus, ils seront probablement séquestrés, ainsi que l'ont été les meubles, pour répondre des dettes que le prince et la princesse ont laissées à Paris ;

« 3° Les objets pourront partir du moment où l'on prouvera qu'il y a une masse de biens suffisante pour répondre de ces mêmes dettes ;

« 4° On demande les inventaires des objets volés. »

Jérôme et Catherine répondent à la première proposition : « Si les tribunaux français croient pouvoir laisser impuni un crime pareil à celui du sieur Maubreuil, je consens, ainsi que la reine, à ce qu'il ne soit pas poursuivi, moyennant la restitution de tous les objets volés. » Ensuite : « Je n'ai, non plus que la reine, aucune dette personnelle à Paris ; le comte Furstenstein a été envoyé dans le temps, de Berne à Paris, exprès pour cet objet et le chevalier Filleul, notre secrétaire, nous a rapporté les reçus des créanciers. Le roi de Westphalie doit à l'empereur Napoléon, par l'entremise de la Caisse d'amortissement, 700.000 francs, mais l'empereur Napoléon doit au roi de Westphalie (et cela a été liquidé par les ministres) une somme de 1.700.000 francs qui a été prise dans mes caisses à Osnabrück, lorsque l'empereur Napoléon réunit cette partie de mon royaume à la France... » A la troisième proposition : « S'il existe quelqu'un qui puisse prouver que moi ou la reine avons des dettes personnelles, je suis prêt à y satisfaire aussitôt que j'aurai connaissance de nouvelles réclamations. Et, enfin il me reste assez de biens particuliers en France pour répondre à toutes les réclamations sans qu'il soit besoin de retenir nos diamants et les autres objets nous appartenant. » Quant aux inventaires, ils sont déposés à la police depuis la fin d'avril.

Durant que Zeppelin essaie ainsi de traiter, en se faisant l'intermédiaire du Gouvernement royal pour ce chantage caractérisé, l'empereur Alexandre prend les choses d'un autre ton. Le 17 novembre, Gayl, arrivé à Vienne a pu enfin lui remettre cette lettre de Catherine en date du 24 octobre : « J'avais envoyé le baron de Gayl à Paris pour recevoir nos diamants et bijoux. Non seulement on les lui a refusés, mais, nonobstant le traité du 11 avril qui garantit toutes nos propriétés particulières, on vient de mettre le séquestre sur notre vermeil, argenterie et meubles que la même personne avait également été chargée de nous expédier. J'ose donc prier Votre Majesté de vouloir bien donner les ordres à son ambassadeur de Paris de réclamer mes diamants et mes bijoux et de faire lever le séquestre sur nos effets. »

Gayl ayant présenté ces requêtes à l'empereur Alexandre et au roi de Wurtemberg qui est aussi au Congrès, reçoit d'eux « les lettres nécessaires pour le soutenir dans ses recherches et le faire réussir dans ses demandes. » En même temps, l'empereur expédie à Boutiaguine, son chargé d'affaires à Paris en l'absence de Pozzo, des ordres si formels que, sur leur réception, Boutiaguine demande à voir M. de Jaucourt, chargé du portefeuille des Affaires étrangères en l'absence de Talleyrand, et M. de Blacas, ministre de la Maison du Roi. A Jaucourt, il remet cette note: « Je viens de recevoir l'ordre de renouveler les démarches faites dans le temps par le général Pozzo di Borgo, relativement aux objets volés à la ci-devant reine de Westphalie dont une grande partie a été retrouvée. Les liens de parenté qui unissent Sa Majesté, mon Auguste Maître, à cette princesse lui font désirer vivement que les difficultés qui ont fait différer la restitution de ces effets soient aplanies, que les recherches soient poursuivies et que le scellé mis

sur l'argenterie et les meubles de la reine Catherine soit levé. Sa Majesté Impériale, pleine de confiance en la justice du Roi, s'attend à un résultat
conforme à l'intérêt particulier qu'elle prend à
tout ce qui concerne sa cousine. » Jaucourt reçoit
la note et promet une réponse par écrit. En conversation, il a laissé entendre que l'on a mis les
scellés sur l'argenterie et les meubles de la reine,
parce que le roi devait 1.200.000 francs au Gouvernement français.« Si la vérification du con-
trat de mariage constate, écrit Boutiaguine, que
la princesse n'a point été mariée en communauté
de biens, le séquestre sera levé et les objets restitués. »

Mais M. de Blacas, qui a reçu une note semblable,
n'adopte pas un prétexte qui, s'il passait en principe et s'il était appliqué au ci-devant comte de
Lille, pourrait donner lieu à d'étranges réclamations ; il répond simplement le 7 décembre : « J'ai
reçu, Monsieur, la lettre par laquelle vous voulez
bien m'informer des ordres que vous avez reçus de
votre cour au sujet des effets réclamés par la princesse Catherine de Wurtemberg. L'intérêt que l'empereur, votre auguste maître, prend à cette affaire
serait pour le Roi un motif bien puissant de désirer la terminer : mais les tribunaux s'en trouvant
saisis dans ce moment, il n'appartient pas à l'au-

torité royale d'y intervenir et il ne reste qu'à vous prier de transmettre dans cette occasion à Sa Majesté Impériale l'expression des regrets qu'éprouve le Roi à cet égard. »

Cela est beau sous la plume de M. de Blacas, ce respect de la justice. Ainsi, lorsqu'il s'est agi de faire déclarer l'incompétence de la juridiction civile, le Roi, par son chancelier, n'est pas intervenu ! Lorsqu'il s'est agi de contraindre les victimes à retirer leur plainte, le Roi, par son ministre des Affaires étrangères, n'est pas intervenu ! Ainsi les tribunaux sont saisis ! Quels tribunaux ? La juridiction civile a décliné le jugement ; la juridiction militaire n'est point saisie et il est impossible qu'elle le soit jamais : Maubreuil ni Dasies ni Barbier ne sont militaires ; ils ne ressortissent donc pas à un conseil de guerre, et le fait qu'ils ont reçu des pouvoirs du ministre de la Guerre, comme du ministre de la Police ou du directeur des Postes, ne les rend pas plus justiciables de la Guerre qu'ils ne le seraient de la Poste.

Mais il s'agit bien de cela ! Il s'agit bien des arguments que Catherine s'évertue à présenter sur les créances respectives du royaume de Westphalie et de l'Empire français ; il s'agit bien des notes qu'elle fournit, des quittances qu'elle assemble pour prouver que ni elle, ni Jérôme n'ont de dettes à Paris ;

il s'agit, pour le Roi et pour M. de Blacas, de ne
restituer ni le produit du vol de Fossard, ni les
meubles de la rue Taitbout. Comme l'écrit de
Vienne, le 18 décembre, le roi de Wurtemberg :
« Zeppelin et Gayl rencontrent des difficultés à
chaque pas et la mauvaise volonté du Gouvernement français se manifeste sans cesse avec d'autant
plus d'aigreur qu'il paraît que, outre l'opinion du
gouvernement, même des intérêts particuliers s'en
mêlent. »

A bout d'arguments pour légitimer, d'une façon
à peu près plausible, la spoliation, les ministres du
Roi prennent, le 18 décembre, la délibération suivante : « Sire, les ministres de Votre Majesté
estiment qu'il est nécessaire d'arrêter la disposition des biens, meubles et immeubles, qui ont
appartenu à la famille de Buonaparte et de les conserver par l'apposition d'un séquestre jusqu'à ce
que Sa Majesté en ait autrement ordonné. Ils sup-
plient le Roi de les autoriser à cette mesure. »
Cela est signé par le chancelier Dambray, l'abbé
de Montesquiou, Ferrand, le baron Louis, le comte
Beugnot, le maréchal Soult duc de Dalmatie,
M. de Blacas d'Aulps, et M. François de Jaucourt.

Au bas le Roi écrit : *Approuvé*, et il signe
Louis.

Désormais Zeppelin aura beau insister pour que les joyaux enlevés à la reine, ces joyaux retrouvés et déposés au greffe avant que le séquestre fût prononcé, soient enfin restitués, l'on trouvera pour l'éconduire des arguments auxquels il n'aura rien à opposer. Jaucourt, saisi par lui, écrira le 11 février 1815 au directeur général de la Police — Dandré qui a remplacé Beugnot — pour lui rappeler l'affaire et le prier de le mettre à portée de répondre à M. le comte de Zeppelin ; Dandré transmettra le 18 au Chancelier la lettre de Jaucourt, « attendu que cet objet rentre dans les attributions de son département » ; le Chancelier l'enverra le 27 au ministre de la Guerre, attendu que « ces joyaux servant de pièces de conviction dans une affaire qui est maintenant soumise à sa décision, c'est à lui qu'il appartient de faire droit, s'il y a lieu, à la demande du ministre de Wurtemberg » ; et lorsque, le 28, Jaucourt insistera sur la demande de Zeppelin, on le chargera de répondre qu'on ne saurait détourner des éléments essentiels à la justice.

La justice du Roi ! En vérité, il eût été plus franc et plus loyal de dire qu'on ne rendait pas les bijoux parce qu'ils étaient sous séquestre, confisqués par mesure de haute police ou distribués par le bon plaisir que de montrer ainsi

la fourberie siégeant en robe rouge sur les fleurs
de lys d'or.

Monsieur et ses amis sont responsables de
l'attentat de Fossard ; mais Louis XVIII et ses
ministres s'associent à l'attentat et s'en rendent
solidaires. Monsieur a fait voler les diamants ; le
Roi, outre les diamants, confisque le mobilier que
convoite son favori. Monsieur, lieutenant général
du Royaume, n'a pas souscrit au traité du 11 avril ;
le Roi y a adhéré par une déclaration solennelle.
Monsieur pouvait alléguer les temps troublés et la
nécessité des représailles ; en pleine paix, le Roi,
violant sa parole jurée, s'empare des propriétés
particulières des exilés et des proscrits. Au temps
où Monsieur faisait attaquer des diligences et se
procurait ainsi de l'argent, le comte de Lille ne
voulait pas savoir qu'on avait volé, mais il réclamait sa part du butin ; à présent, le Roi, sans nul
doute, condamnerait Maubreuil qu'il tient en
prison depuis onze mois, mais il garde les diamants.

Maubreuil disparaît ici : du jour où les diamants
ont été repêchés et déposés à la préfecture de
Police, il n'y a plus de Maubreuil ; il y a le Gouvernement royal qui est en possession du produit
du vol. Et, non seulement le Gouvernement royal

15.

ne le restitue pas à la légitime propriétaire, mais il y ajoute le mobilier qui agrée à M. de Blacas d'Aulps et il confisque le tout.

Si Maubreuil est un voleur, qu'est-ce de Louis XVIII ?

VI

LA FIN DE MAUBREUIL

Peut-être avait-on compté que, par l'isolement prolongé auquel on l'avait soumis, par les tourments qu'à l'en croire, ses geôliers avaient pour consigne de lui faire subir, Maubreuil perdrait le peu de raison qu'il avait. On n'avait pas eu tort. « Maubreuil me parut aliéné et il l'était, » écrit Villiaume, *l'entrepreneur de mariages,* qui prétend avoir joué un rôle majeur dans sa libération et dont les incohérentes brochures[1] ouvrent bien des aperçus curieux sur Vanteaux, Geslin, Semallé, Dasies et autres.

Ce déséquilibré, que des hommes adroits ont lancé en avant, auquel ils auraient fait largement sa part s'il s'était tu et dont, avant tout, ils ont prétendu obtenir le silence, est désormais un aliéné.

---

[1] *Mes détentions comme prisonnier d'État sous le gouvernement de Buonaparte, M. Villiaume peint par lui-même,* et surtout : *M. Villiaume sommeillant à Charenton.*

Il a, d'un aliéné, l'incohérence redoutable, les interminables discours, les lettres écrites d'un jet sur quarante pages, d'un caractère volant et rapide, avec, à chaque phrase, des mots soulignés deux ou trois fois ; il en a les délires ambitieux, les phrases redondantes, les menaces mystérieuses, les récits incompréhensibles ; il en a les calculs sans fin, où il étale des fortunes imaginaires, suppute des pertes chimériques, additionne, multiplie, soustrait, dresse des tableaux par quoi il établit, à un centime près, qu'on lui a volé tantôt 2.478.850 francs, tantôt 3.077.250 francs, et ce sont les mêmes articles qui, de 1827 à 1861, ont crû dans son esprit de 600.000 francs ; encore a-t-il fait grâce des intérêts, mais il le remarque ; il en a la manie processive et l'adresse procédurière, accumulant les incidents, élevant des chicanes, produisant des déclinatoires, collectionnant les arrêts, non pas seulement lorsqu'il s'agit de son affaire, sa grande affaire, mais en tout procès qu'il engage et il en engage à propos de tout, et les mémoires que signent ses divers avocats ont des traits communs de verbosité, d'incohérence dans l'exposé, de minutie dans le détail qui en révèlent l'auteur véritable, bien plus expert que n'importe quel avoué, car sa manie le pousse, l'instruit, lui découvre des subtilités inattendues ; il en a les prétentions généalogiques si loin poussées que quiconque est de bonne maison, en Bretagne, en Vendée, en Anjou, lui devient parent ou allié, si ténu que soit le lien, si lointaine ou douteuse que soit l'alliance, et sa mémoire imperturbable lui fournit tout des gens, prénoms, noms, surnoms, titres, qualités, ce qu'ils ont fait, où ils ont manqué, comme ils ont servi, et il réclame ainsi jusqu'à l'infini, jusqu'aux gens qui lui sont cousins étant les arrière-cousins de la seconde femme de son père ; il en a l'ostentation nobiliaire qu'il affirme à chaque pièce qu'il rédige, à chaque lettre qu'il écrit, par sa signature, deux, trois fois, dix fois répétée : *Armand-Marie comte de Maubreuil, marquis d'Orvault*. Parfois, il varie ; c'est *comte de Guerry* ou *comte de Guerry de Maubreuil*, mais, toujours, il ponctue d'un paraphe de plus en plus épais ces titres qu'il s'est spontanément octroyés, dont pas un n'est authentique ni légal et auxquels tout le monde croit — même lui. C'est un persécuté-ambitieux qui se rend à des moments persécuteur. Le type est courant et pas un aliéniste ne le méconnaîtra.

Que, dans cette folie, il y ait des rémittences ; qu'à des périodes d'excitation succèdent des périodes de calme où le cours des idées paraît entièrement changé, où la spéculation politique fait place à la spéculation financière, industrielle, matrimoniale, même littéraire, c'est là une loi connue. Mais, même en crise, il garde une part de raisonnement, une conscience relative, cette forme de dissimulation qui lui fait choisir ses adversaires et ménager ses protecteurs ; il équivoque sur les dates ou sur les faits ; il ne révèle jamais, même dans ses fureurs réelles ou jouées, le secret auquel il eut part ; il s'assure ainsi des gratitudes par qui il se trouve innocenté, délivré, pensionné : cette duplicité n'est point contradictoire à l'espèce d'aliénation dont il est atteint et où se rencontre constamment, même dans le délire, une part de simulation. Il couvre ainsi, sans cesse, de sa haute mission, qui est un secret d'État, mais qui par là convient à un homme aussi bien né, le vol qu'il a commis, dont il affirme n'avoir pas profité et qu'il traite de bagatelle. Ce n'est pas un vol, « c'est une razzia faite au compte et au profit de ceux qui l'avaient ordonnée ». S'il restait ainsi dans le vague, son attitude prendrait un certain air de mystère, et l'on pourrait s'y tromper, mais, pour plaire à ceux qui l'ont employé ou pour leur obéir, il sort du nuage, il innocente Monsieur en accusant Talleyrand, et il s'acharne après celui-ci, ne voyant pas que les complices qu'il lui donne : Vanteaux,

Semallé, Geslin n'incriminent que le comte d'Artois.

On ne saurait suivre Maubreuil dans tout le détail de ses aventures, depuis le 19 mars 1815, où il est sorti de l'Abbaye, par ordre du roi Louis XVIII, jusqu'au 17 juin 1869, où il est mort dans un garni de la rue Capron à Batignolles, pensionné de l'empereur Napoléon III ; tout juste essaiera-t-on d'établir le sommaire de sa vie, d'y relever des faits, qui en expliquant et commentant ses actes antérieurs, permettent de constater les deux influences auxquelles il a été alternativement soumis tant qu'ont régné les Bourbons — l'une hostile et persécutrice, l'autre favorable et libératrice ; mais, avant de noter les crises aiguës par où passe son délire, il convient d'exposer avec un peu moins de brièveté ce qu'on fait de lui durant les Cent jours et comment, après la magistrature royale, se comporte vis-à-vis de lui la magistrature impériale.

*
* *

Il est sorti de l'Abbaye, le 19 mars, sans un centime vaillant, à telle enseigne qu'il a demandé à Auguste de la Rochejacquelein, chez qui il est allé d'abord, un prêt de 400 francs ; qu'il a sollicité de

Mme Villiaume un autre prêt et, comme elle n'avait point d'argent, elle a engagé toute son argenterie au Mont-de-piété pour s'en procurer. Il s'est présenté chez le général Maison, puis chez le duc de Berry, qui lui a proposé de l'accompagner en Belgique. Il a refusé, disant de l'Empereur : « Si j'avais été libre plutôt, il ne serait pas ici. » Dans les journées du 19 et du 20 mars, il a erré, de Paris à Neuilly et à Saint-Germain, en compagnie de Villiaume, de Mme Couture, femme de son avocat, d'une Mme de Châtillon, d'un sieur d'Epinay, qui paraît bien être ce marquis d'Epinay Saint-Denis qui se mêla à l'affaire du trésor et que le Roi vient de faire marquis pour de bon, d'une Mme de Fribourg et surtout de ce Danès de Montardat avec lequel il dit avoir combattu en Vendée et qui, en sa qualité de maire de Saint-Germain, est un ami précieux. Danès lui a donné une liasse de passeports en blanc et lui a procuré un asile parfaitement sûr, mais il ne tient pas en place ; il revient à Paris ; il erre autour de la préfecture de Police, il entre une fois, dix fois pour voir Foudras, le policier, il mange dans les bons restaurants, il couche dans son appartement de la rue Cerutti ; il « y est encore après l'arrivée de Bonaparte qu'il veut, dit-il, aller tuer aux Tuileries. » Mais son ami intime du moment, Villiaume, a formé un autre plan qu'il croit

plus sûr pour assassiner l'Empereur, un plan qu'il
a, dit-il, confié au duc de Berry et qu'il exécutera
s'il trouve deux hommes comme il les fallait à
M. le duc Dalberg. Or il les a : l'un est Maubreuil,
l'autre un officier nommé Saint-Clair, condamné
à mort pour avoir volé et tué une fille publique
« la belle Hollandaise ». Malheureusement, Villiaume est arrivé trop tard pour libérer Saint-Clair,
mais il compte bien le faire évader. En attendant, il
va, avec Maubreuil, acheter chez Lepage des pistolets gueulards qu'ils font charger de tant de balles
que le commis s'étonne. Maubreuil veut qu'on lui
vende des poignards. Lepage refuse et dénonce
ces deux individus suspects à la police. Des allées
et des venues sans nombre, des disputes entre ces
deux fous, Villiaume et Maubreuil, des querelles,
des rixes, des réconciliations. Ils retournent de
compagnie à Saint-Germain, où Danès les loge chez
une Mme Lemaire.

Là, Dasies vient les retrouver. Il est riche, il a
une ceinture pleine d'or, un portefeuille plein de
billets de banque, « pouvant faire, le tout ensemble, soixante à soixante-dix mille francs ». Il
vient de courir des aventures incroyables, mais
vraies. Habillé en chef d'escadron de hussards,
accompagné d'un commissaire des guerres nommé
Favières et d'un ex-garde-magasin nommé Mon-

tillier, il est parti de Paris à la première nouvelle du débarquement de l'Empereur. Il a rencontré l'Empereur à Auxerre, lui a vainement demandé une audience, mais a été reçu par le grand maréchal Bertrand auquel il a raconté l'histoire du guet-apens préparé par le Gouvernement provisoire et, à l'appui, il lui a remis une sorte de rapport ét les billets que Roux-Laborie avait écrits à Maubreuil. Bertrand, qui a autre chose à penser, a mis les billets dans sa poche et demandé bien plutôt des renseignements sur ce qu'on trouvera d'hostile entre Auxerre et Paris. Il a congédié Dasies qui, partant pour Sens, y a soulevé la population, arboré le drapeau tricolore, fait prononcer la ville pour l'Empereur, mais, quand il a voulu approcher de Napoléon, toujours quelqu'un lui a barré l'approche. Il est donc revenu à Saint-Germain pour décider Maubreuil à se joindre à lui, à abandonner ces Bourbons qui, pour récompense de leurs services, les ont jetés en prison, accusés, déshonorés, à aller à l'Empereur et à déclarer quelle mission ils ont reçue et pourquoi ils ne l'ont pas remplie.

Maubreuil paraît refuser et dit vouloir partir pour la Vendée. Danès remet des passeports sous des faux noms à Maubreuil, à Dasies et à Villiaume. Villiaume part pour Gand où il veut demander au Roi son assentiment pour tuer Bonaparte à la première revue de la Garde nationale. Dasies et Maubreuil restent à Saint-Germain; mais Maubreuil ne peut s'y tenir. Le lendemain, il vient à Paris avec Dasies, rôder au Palais-Royal, puis au Palais de Justice, où Dasies retourne après le départ de Maubreuil pour Saint-Germain; il vient même « chez M. Grandin, juge d'instruction, réclamer une voiture qu'on lui a saisie dans l'origine de son affaire ». Là il est arrêté et mis sous mandat de dépôt : Est-ce lui qui vend Maubreuil ? En tous cas, quelques jours plus tard, Maubreuil se laisse fort tranquillement arrêter à Saint-Germain.

Voilà donc la combinaison admirable des Bourbons déjouée : Maubreuil en liberté, ne resterait pas certes à Paris ou aux environs; il aurait trop peur d'être pris. Il irait en Vendée ou à Gand, le plus loin possible de Bonaparte. Mais on a oublié qu'il est fou. A présent, l'Empereur, sans doute, va tirer parti des révélations que Maubreuil assurément ne manquera point de faire et le grand procès qui éclairera les origines de la Restauration, qui découvrira les champions des lys, qui jusqu'à Gand ira chercher, pour le flétrir, le prince qui a ordonné de tels attentats et employé de tels agents, le procès, non de Maubreuil mais des Bourbons, va être instruit, plaidé, jugé devant l'Europe.

Cela serait à merveille, si l'affaire était renvoyée devant un tribunal spécial, mais l'Empereur n'est pas revenu, hélas ! tel que l'armée et le peuple l'ont cru, pour affirmer et venger la Révolution, mais pour régner, fût-ce en souverain constitutionnel, et transmettre à son fils un trône héréditaire. L'Empereur ne veut point sortir des formes légales — quitte à ce que la légalité le tue.

Le Tribunal civil a déclaré l'incompétence de la juridiction civile; le Chancelier a renvoyé Maubreuil devant le ministre de la Guerre. C'était sous le règne de Louis XVIII : mais c'était la Justice. La Justice est une. L'Empereur entend donc que les formes légales soient rigoureusement suivies et, d'abord, il faut vider la question de compétence militaire. Cela est fait à vrai dire en un tour de main. Le 28 mars, le 1er Conseil de guerre permanent de la 1re division militaire rend un jugement par lequel il déclare, à l'unanimité, son incompétence, attendu qu'aucun des prévenus n'est militaire, ni attaché à l'armée ou à la suite, et n'est accusé d'aucun des délits dont la connaissance est attribuée au Conseil de guerre par la loi du 13 brumaire an V.

Voilà établi le conflit négatif de juridiction. Le Procureur général impérial près la Cour de Cassation se pourvoit donc en règlement de juges et requiert l'annulation de l'ordonnance du Tribunal de première instance et le renvoi des prévenus devant un des juges d'instruction attachés au Tribunal. Le 14 avril, la Cour de Cassation rend un arrêt conforme au réquisitoire et renvoie l'affaire de Maubreuil et autres prévenus devant le juge d'instruction pour être jugée par les tribunaux ordinaires.

Depuis le 20 mars, près d'un mois a été perdu, certaines pièces ont disparu. Il faut les reconstituer pour suivre une procédure régulière. D'ailleurs l'inculpation a changé. Dasies a déclaré formellement que la mission qui avait été confiée à Maubreuil et à lui avait un double objet : attenter aux jours de l'Empereur, enlever les effets appartenant aux membres de la Famille impériale. De plus, on a cru devoir retenir les démarches faites par Maubreuil et Villiaume depuis le 20 mars, en vue de tuer l'Empereur, et, tout en ayant soin de n'y point impliquer Danès dont le nom n'est pas même prononcé[1], on y a compris Dasies dont l'insistance à approcher l'Empereur a paru suspecte et qui n'a pas si bien séparé sa fortune de celle de Maubreuil qu'il n'ait reçu de lui un des pistolets achetés chez Lepage.

[1] Dasies est seulement destitué le 2 mai de ses fonctions de maire de Saint-Germain-en-Laye.

On entend donner le plus grand retentissement au procès; car la Commission des Présidents du Conseil d'État à laquelle a été renvoyée pour y répondre la déclaration du Congrès de Vienne, en date du 13 mars, mettant l'Empereur au ban de l'Europe pour avoir violé le traité de Fontainebleau et qui, par son rapport en date du 14 avril, justifie la légitimité du retour de l'Empereur, fait état, dans le paragraphe 2, de l'attentat de Maubreuil pour démontrer que toutes les violations du traité sont imputables à la famille des Bourbons. « La sûreté de Napoléon, de la Famille impériale et de leur suite, disent-ils, était garantie (article XIV du traité du 11 avril) par toutes les puissances; et des bandes d'assassins ont été organisées en France, sous les yeux du Gouvernement français, et même par ses ordres, *comme le prouvera bientôt la procédure solennelle contre le sieur Demontbreuil (sic)* pour attaquer l'Empereur et ses frères et leurs épouses. »

Il faut donc à l'Empereur un procès éclatant; il faut aux Bourbons que Maubreuil ne soit pas jugé.

Le 19 avril, Maubreuil, détenu au dépôt de la préfecture de Police, dans une chambre au troisième étage dont la fenêtre est grillée, s'évade tranquillement par la porte, grâce à un garçon de service à la Préfecture, jadis au service de la famille de Juigné, et à son ami, le marquis de Brosse[1] revenu tout exprès de Gand. Pour la forme, on a scié un barreau et on a attaché à la fenêtre une corde qui paraît pendre jusqu'à un appui de réverbère.

Dans la chambre vide on trouve cette lettre.

« Monsieur,

« Je regrette le désagrément que mon évasion peut vous causer. Cependant il serait bien injuste de s'en prendre à vous de moyens qui m'ont été fournis par des personnes du dehors que l'on ne pourra ni connaître ni atteindre.

« Il est fâcheux que le Gouvernement n'ait pas voulu comme je l'avais demandé, prendre un parti sur mon affaire. Cela m'aurait évité à moi de tout risquer pour ne pas pourrir dans les cachots, à vous de me voir m'évader. Je devais attendre toute autre chose de la part de Sa Majesté, mais à présent je

---

[1] Claude-Michel-Joseph-Hyppolite, marquis de Brosse, né le 11 ventôse an II à Rumont (Seine-et-Marne), fils de Claude-Barthélemy-Joseph de Brosse et de Anne-Louise de Montléart, a eu, comme mousquetaire dans la 1re compagnie, brevet de lieutenant de cavalerie le 6 juillet 1814 et a suivi le roi à Gand. Il est le neveu de Claude VI, comte de Brosse, dont la sœur, en premières noces Mme de Chapt de Rastignac, est en secondes noces Mme de Tryon-Montalembert : cela fait à Maubreuil une alliance qui explique bien des choses.

vois avec douleur qu'aucun service ne peut l'engager à pardonner une petite offense, je lui en ai cependant rendu un grand.

« Je désire que cette assurance évite les frais d'une inutile *poursuite* que ne rendra pas facile une confiance déplacée comme par le passé.

« Si donc, Monsieur, comme il arrive quelquefois, on vous chargeait d'en faire une, daignez me croire, elle ne réussira pas. *Epargnez-en* les frais.

« Je désire sincèrement que tous ces motifs vous évitent d'injustes désagréments.

« J'ai l'honneur d'être, Monsieur, votre très humble serviteur.

« DE MAUBREIL (*sic*) »

Vendredi soir 9 heures.

Grand émoi : l'évasion est annoncée dans le *Journal de l'Empire* du 21. On publie que les mesures les plus énergiques ont été prises, que le signalement de Maubreuil a été envoyé partout.

Et voici ce signalement tel qu'il est imprimé :

SIGNALEMENT

DE

MAUBREIL (JACQUES-MARIE-ARNOULD DE)

*Arrêté pour complicité d'un vol considérable fait à main
armée, et évadé de sa prison en sciant un gros barreau, la nuit
du 18 au 19 avril 1815.*

Agé de trente ans,

Taille élancée de 173 centimètres (5 pieds 4 pouces),

Cheveux bruns bouclés,

Front haut, uni et blanc,

Sourcils bruns,

Yeux bruns, ronds et saillants, regard hardi,

Nez écrasé, gros et long, un peu tourné de côté en
descendant,

Bouche moyenne, lèvres grosses et rondes,

Menton rond,

Visage ovale,

Barbe brune,

Teint blême,

On remarque quelque chose des traits d'un nègre
dans l'ensemble de sa figure.

Au moment de son évasion, il était vêtu d'un gilet
rond de drap bleu, boutons de soie et pantalon bleu.
Bottes courtes sans revers, garnies de fers aux talons.

Il n'aura pas manqué de changer de nom et de cos-
tume.

Les Autorités civiles et militaires sont invitées à faire

16

arrêter cet individu partout où il sera trouvé et à faire saisir les valeurs qui seraient trouvées en sa possession. Dans le cas où il serait arrêté à une distance trop éloignée de Paris pour y être amené le même jour par la gendarmerie sans changer d'escorte, il conviendra de le faire placer provisoirement dans une Maison d'arrêt en l'y faisant garder à vue par deux gendarmes, nuit et jour, jusqu'à ce que le Préfet de Police qui devra être prévenu de suite, ait pu l'envoyer chercher en chaise de poste, attendu que ledit MAUBREIL ne manquerait pas d'employer tous les moyens de corruption pour parvenir à s'évader de nouveau.

LE CONSEILLER D'ÉTAT, PRÉFET,
COMTE DE L'EMPIRE

Signé : RÉAL.

« Monsieur le comte Réal, écrit, en recevant ce papier, M. Desmarest, le policier intègre et fidèle, qui a pu faire un pareil signalement ? Je ne reconnais pas du tout l'homme. » Voilà qui est grave, venant de Desmarest. Réal passe outre, il donne ordre de réimprimer, tel quel, le signalement et d'en envoyer des exemplaires en quantité suffisante au duc Rovigo ; Fouché interdit qu'on le communique aux journaux.

Y a-t-il là indice d'une intrigue où serait mêlé Fouché ?

Il a à son cabinet, comme secrétaire chargé des

analyses — et ce cabinet composé de trois personnes *s'occupe de tout ce qui paraît au ministre
devoir être traité dans son cabinet*, et il a été nommé
par lui sur un arrêté tout écrit de sa main — un
sieur Charles-Esprit de Chassenon, fils d'un président de Cour souveraine de Bretagne, qui, à l'âge
de seize ans, a reçu deux coups de feu en combattant dans la Vendée. En 1807, ce Chassenon est entré au Conseil d'Etat comme auditeur, il a été trois
fois intendant en pays conquis et a, dit-il, reçu une
grave blessure en Russie. Ce Chassenon, qui s'est
rallié pourtant avec quelque enthousiasme à la
Restauration, qui se recommandait alors de son
parent le général Charette, de son grand-père le
marquis de Saujan (?) officier général et cordon
rouge, qui était « connu particulièrement et avan-
tageusement par les ministres de Sa Majesté » et
qui attendait de la justice du Roi la réparation
des injustices qu'il avait essuyées de « l'empereur
Napoléon » « puisqu'il n'avait pas reçu l'avance-
ment auquel ses talents lui donnaient des droits »,
n'avait point trouvé sans doute un accueil digne de
lui, puisque, dès le 20 mars, Fouché le trouvait
prêt à entrer à son Cabinet.

Chassenon était de Nantes comme Maubreuil,
exactement son contemporain ; origines pareilles,
mêmes combats en Vendée : ils avaient été très liés et

c'est à lui que Maubreuil s'est adressé dès le 25 mars pour le prier, au nom de leur ancienne amitié, de venir le voir : « il verra en lui un homme bien indignement sacrifié, un grand exemple des effets du plus funeste sort ; enfin, il apprendra de lui des choses importantes relatives à l'Empereur. » Maubreuil croit, à ce moment, Chassenon employé par le grand maréchal : il lui écrit *chez le général Bertrand, aux Tuileries*. Chassenon sert-il d'intermédiaire entre Fouché et Maubreuil pour quelque besogne obscure que Réal ne doit pas connaître, cela semble résulter d'une façon positive de lettres mystérieuses écrites par Maubreuil à Chassenon. Juste à ce moment, Fouché négocie avec les chefs vendéens qu'il veut convaincre de l'inutilité d'une prise d'armes et avec lesquels il se ménage, comme avec les émigrés de Gand. Fouché est de Nantes comme les Guerry. Maubreuil est parent et ami des La Rochejacquelein. C'est une première hypothèse. Fouché aurait-il un autre but en lâchant Maubreuil qu'il peut croire exaspéré contre les Bourbons ? C'est une seconde hypothèse. Il y en aurait d'autres à examiner : avec Fouché, tout est croyable, et Maubreuil n'est-il pas un bon instrument pour ouvrir une Régence, juste au moment où le duc d'Otrante paraît vouloir s'en entendre avec le prince de Metternich ?

De la préfecture de Police, Maubreuil est allé
rue Saint-André-des-Arts, 55, où de Brosse l'attendait : c'est la fabrique d'huile de Vanteaux et
Geslin qui a été, une année au moins, au nom de
Demontbreuil, avant de passer au nom de Detryon.
Ce Detryon, cousin de Maubreuil, s'est révélé à la
Restauration le chevalier de Tryon et a réclamé
la croix de Saint-Louis qui lui avait été accordée à
Edimbourg par Monsieur. Il était des fidèles du
comte d'Artois ; un de ses frères avait, disait-il,
été fusillé à Paris en remplissant une mission du
prince, lui-même avait échappé par miracle, — ce
que certifiaient MM. de la Rochejacquelein, de Mon-
chal, de Lussac, de Turpin, de Brettes, de Mailly
et de Tryon-Montalembert. Il y avait déjà un Tryon
à Montereau ; en voici un autre. Les complices de
Maubreuil sont si nombreux, si bien placés, leur
action est si multiple que, à chaque instant, on en
découvre de nouveaux ; mais cette fabrique d'huile
aux multiples propriétaires, — tous nobles et tous
déguisés pour la circonstance en roturiers — qui
sert d'asile aux conspirateurs et aux évadés, n'est
pas un des ressorts les moins curieux qu'ils aient
tendus.

De la rue Saint-André-des-Arts, Maubreuil est
conduit en cabriolet, par de Brosse, chez sa mère
au château de Rumont, à trois lieues de Nemours ;

puis, toujours avec de Brosse, il passe en Belgique,
pour offrir, a-t-il dit, ses services au Roi et soule-
ver la Vendée. — Son père, Guerry de Beauregard, est tué le 20 mai au combat d'Aizenay et on
sait le rôle que jouent dans la prise d'armes les La
Rochejacquelein. — Mais, lorsque Maubreuil arrive
à Bruxelles le 7 mai, Semallé, chargé d'une surveillance de police sur les Français rejoignant la
Cour, l'arrête de son autorité privée, sur ce territoire du roi des Pays-Bas, comme soupçonné d'être
venu pour assassiner le roi de France.

Qu'y a-t-il entre ces deux hommes? Semallé a-
t-il peur que Maubreuil, parvenant jusqu'à
Louis XVIII, ne fournisse sur les causes, les conséquences et les profits de l'affaire de Fossard, une
version toute différente de celle qu'on lui a présentée; qu'il ne compromette irrémédiablement et
Vanteaux malgré son innocence proclamée, et
Semallé lui-même? Prétend-il éviter à Laborie, qui
rédige le *Moniteur* de Gand, le désagrément de se
trouver en face de son ancien ami? Croit-il sincèrement, sur des avis venus de Paris, que Maubreuil est venu en Belgique dans le dessein arrêté
de tuer le Roi et les princes? En tous cas, M. de
Semallé porte à s'emparer de Maubreuil, qu'il
conduit à Gand, un zèle qui ne lui réussit point;
car, malgré un rapport d'Anglès, le Conseil du

Roi, peu désireux de mécontenter son hôte, le désavoue. Le baron d'Eckstein réclame Maubreuil, lequel, après une tentative de suicide demeurée inexpliquée, est conduit à la frontière prussienne et mis en liberté.

⁎

Cependant, à Paris, malgré l'évasion du principal inculpé, on a continué à instruire le procès, mais on l'a fait avec une sage lenteur. Le procureur impérial Courtin, hier procureur du Roi, et comme tel exécutant l'ordre de M. le chancelier Dambray de ne point interjeter appel de l'ordonnance du Tribunal, est à présent pressé vainement par le procureur général impérial, le baron Legoux, de former son réquisitoire. Il se défend en alléguant les plus fâcheux contre-temps. La justice, telle qu'il la comprend aujourd'hui, n'est pas seulement boiteuse, elle est paralysée : le 19 avril, il a reçu la lettre du procureur général annonçant l'envoi des pièces et l'expédition de l'arrêt de la Cour de Cassation du 14 ; le même jour, il a été informé par le préfet de Police de l'*évasion de cet inculpé* : il a accusé réception le 21. Son substitut Riou a donné, le 24, son réquisitoire « relativement au vol des diamants, au complot formé contre

Napoléon et sa famille, à la complicité du nommé Laborie, au recel de Dasies par le sieur Couture et à l'évasion de Maubreuil » ; la journée du 25 a été remplie par le dépôt au greffe des pièces adressées par Maubreuil et Dasies. — Mais, ensuite, M. Dubois, juge chargé de l'instruction, tombe malade, et M. Courtin se reprocherait de le dessaisir. Le 29 avril, nouvelle lettre du procureur général invitant le procureur impérial à se hâter. M. Courtin prend deux jours pour répondre que, si M. Dufour persiste à être malade, il désignera M. Nicod. Mais M. Nicod ne recommence les interrogatoires que le 7 mai ; il les suspend ensuite pour quatre jours et ne les reprend que le 11. Les inculpés qu'il a sous la main ne sont que des comparses, puisqu'on a laissé évader Maubreuil et qu'on n'a pas su prendre Laborie. « Les interrogatoires et les déclarations ajoutent peu de développements à ceux de la première information et elle recevra sous peu de jours le complément possible en l'absence du principal inculpé et des fonctionnaires de différentes classes qu'il eût cependant été important d'entendre. »

Mais, ajoute le procureur impérial, si la prévention est établie à l'égard du vol des diamants et du recel d'inculpé imputé à l'avocat Couture, « en sera-t-il de même à l'égard du complot formé

contre l'empereur Napoléon et sa famille ? A quelle
époque aura-t-il été formé ? Quels seront les principes du droit public dont résulterait l'application
de la loi pénale? Quels fonctionnaires et quels individus pourraient être réputés avoir provoqué,
préparé ce complot et favorisé son exécution, etc.,
etc., etc. ? »

Il y a plus : le procureur général près la Cour
de Cassation, Merlin, par son réquisitoire, n'a-t-il
pas soulevé une difficulté nouvelle ? L'autorisation
du Gouvernement ne doit-elle pas précéder les
poursuites ? Maubreuil n'a-t-il pas agi en exécution d'ordres? par là n'est-il pas fonctionnaire?
donc couvert par l'article 75 de la Constitution de
l'an VIII et, dès lors, ne convient-il pas de demander au Conseil d'Etat une autorisation de poursuivre ?

Enfin, l'instruction de l'évasion a été séparée
de l'instruction principale, n'y a-t-il pas lieu de
l'y réunir?

Pour toutes ces raisons, le procureur impérial
éprouve « autant d'embarras que de crainte de ne
pas mettre à l'examen de l'affaire toute la promp-
titude qui lui est recommandée » : le 11 mai, le
substitut qui doit présenter le rapport n'est pas
encore désigné.

Il est vrai que, sur l'ordre de Legoux, on en

nomme deux, sans doute pour regagner le temps
perdu : Thouret et Brière de Valigny, qui, le 31
mai, présentent leur rapport au procureur général : mais quel rapport! Eux aussi ont donné à
corps perdu sur la piste de Laborie : ils ont enregistré avec religion toutes les hâbleries de Maubreuil ; ils ont admis, les yeux fermés, sans même
discuter les dates, que les ordres des ministres
français et des généraux étrangers ont été délivrés
sur des lettres de Roux-Laborie qu'ils n'ont pas
retrouvées, dont ils ne peuvent citer aucun passage, et dont l'existence est problématique ; ils
ont oublié à ce point l'histoire d'hier qu'ils ne se
sont point souvenus que, le 16 avril 1814, Monsieur, comte d'Artois, était en possession du gouvernement et exerçait la lieutenance générale.

Tout le monde s'emploie pour donner et prendre
le change. Le procureur impérial n'y manque pas
dans ses conclusions qu'il dépose le 16 juin[1].

Le surlendemain, c'est Waterloo.

Ainsi, en trois mois, pas une preuve n'a été

---

[1] « Attendu que des faits ci-dessous exposés, il résulte :

« 1º Que le prince Talleyrand paraît avoir accueilli l'idée de
faire assassiner l'Empereur, ses deux frères, les princes Joseph
et Jérôme et de faire enlever le roi de Rome au mois d'avril 1814 ;

« Qu'il paraît également s'être servi de l'entremise de Laborie
pour charger de l'exécution de ce complot Maubreuil et Dasies ;

acquise, pas un argument même n'a été trouvé.
Les Archives regorgent de pièces : la Police n'aurait qu'à étendre la main pour saisir les complices
de Maubreuil qui vont et viennent dans Paris

« Néanmoins, comme il ne leur a fait lui-même aucune proposition directe et qu'il ne s'est engagé personnellement dans
aucune entrevue, dans aucun pourparler avec eux ;

« Qu'il n'existe contre lui que la déclaration de Maubreuil, et
la présomption que Roux-Laborie ne se serait pas permis de faire
délivrer à Maubreuil et à Dasies, sans l'autorisation du prince,
les ordres dont ils ont été porteurs ;

« 2° Attendu qu'il est très vraisemblable que les trois agents
signataires desdits pouvoirs sous les dates des 16 et 17 avril 1814
connaissaient l'objet de la mission pour l'accomplissement de
laquelle ces ordres étaient expédiés ;

« Que l'un d'eux, commissaire au département de la Police
générale, a donné à cette expédition l'épithète de secrète, sans
doute afin de masquer le but criminel de la mission qu'il n'osait
avouer ;

« Cependant, comme aucunes déclarations ne viennent éclai-
rer la justice à cet égard et qu'enfin il serait possible que ces
agents eussent reçu, purement et simplement, l'ordre de délivrer
de tels pouvoirs, sans avoir été préalablement admis à la confidence du projet conçu contre l'existence de l'Empereur et de sa
famille ;

« Le Procureur impérial requiert, quant à présent et jusqu'à
nouvelles charges, non-lieu en faveur du prince de Bénévent, du
général Dupont, et de MM. Anglès et Bourrienne ; il requiert au
contraire le renvoi devant la Chambre des mises en accusation :

« 1° De Roux-Laborie, pour avoir, au mois d'avril 1814, proposé
à Maubreuil et Dasies une mission qui avait pour but l'assassinat
de l'Empereur, des princes Joseph et Jérôme et l'enlèvement du
roi de Rome ;

« 2° De Maubreuil et de Dasies pour avoir accepté cette mission ;

« 3° De Maubreuil et de Dasies pour complot contre la vie de
l'Empereur au mois de mars 1815 ;

« 4° De Maubreuil et de Dasies pour vol sur un chemin public
des effets appartenant à la reine de Westphalie ;

« 5° De Prosper Barbier, comme complice de ce vol. »

comme s'ils étaient les maîtres : Danès, Villiaume, La Grange, Vanteaux. Mais la trahison est
partout : à la police, témoin l'évasion de Maubreuil; au parquet, témoins les retards calculés
de Courtin et le rapport des substituts; à l'instruction, témoin les subites maladies des juges. Il
s'agit d'abord de gagner du temps : d'enlever à
l'Empereur cette arme qu'il a brandie sur les
Bourbons, de détruire l'impression qu'a pro-
duite sur l'Europe la déclaration des Présidents
du Conseil d'Etat et, au lieu d'apporter, sinon
par la punition des coupables, au moins par la flé-
trissure des contumaces, la preuve que le traité
du 11 avril a été outrageusement violé, de laisser
insinuer que c'est là un mensonge de plus au
compte du Corse, une calomnie de plus contre
l'auguste maison royale.

Tous les Bourmont ne sont pas à l'armée.

Il faut reconnaître toutefois que la magistrature
impériale avait du moins reconnu l'inutilité de conserver, comme pièces à conviction dans les procès
qu'elle mettait à instruire tant de retards acciden-
tels ou volontaires, quatre millions de diamants :
encore ne semble-t-il pas qu'elle les ait restitués
de bonne grâce, mais, sur ce point du moins,
Jérôme, arrivé de Trieste pour assister au Champ

de Mai et combattre à Waterloo, eut gain de cause
et rentra en possession de ce qui lui appartenait.

* * *

Au retour du Roi, la machine judiciaire montée
par l'usurpateur, continue à moudre. Il y a eu
réquisitoire, il doit y avoir ordonnance de la
Chambre du Conseil du Tribunal de la Seine : et,
en effet, le 28 juin, Maubreuil et Dasies sont renvoyés devant la Chambre des mises en accusation
pour vol qualifié et complicité : non-lieu sur tous
les autres chefs. Il paraît difficile à présent d'empêcher la comparution. Comment s'y prend-on?
Imagine-t-on, pour tourner la loi, un procédé inédit, ou franchement la viole-t-on? Ce qui est certain, c'est que, le 14 janvier 1816, la Chambre des
mises en accusation, conformément aux réquisitions du procureur général, ordonne la mise en
liberté de Dasies et des autres prévenus, et renvoie, devant la police correctionnelle, simplement
pour abus de dépôt, délit prévu et puni par l'article 408 du Code pénal, Maubreuil, réputé absent,
rentré en France, habitant en Vendée, puis à Nantes
chez M. Royer, notaire, venant à son gré à Paris
et s'y montrant en public.

L'affaire est donc étouffée et l'on peut compter

17

qu'il n'en sera plus question : Maubreuil, selon les ordres dont il était porteur, a en effet dû arrêter la reine de Westphalie et la dépouiller : mais il a commis une faute, légère à la vérité, en détournant les bijoux et l'argent qu'il était chargé de prendre. On ne lui en demandera pas compte, pourvu qu'il se montre bon royaliste, et qu'il se taise.

Seulement Maubreuil, est devenu bonapartiste —bonapartiste à outrance. Il ne saurait se contenter si Napoléon II ne remonte pas sur son trône. Il a d'ailleurs tous les moyens de l'y aider; il est en correspondance avec Marie-Louise ; il colporte la proclamation qu'elle a adressée aux souverains pour sauvegarder les droits de son fils — cette protestation apocryphe dont on trouve tant d'exemplaires copiés par des mains inexpertes, où s'atteste la profondeur de la religion nationale, se repaissant de mensonges et de chimères plutôt que de subir l'odieuse dégradation bourbonienne!

Maubreuil paraît sincère; il ne semble pas dirigé par la police ; il fait des prosélytes, mais fort peu et combien bas. Il est arrêté à Angers le 22 avril 1816, par ordre de M. Pasquier, préfet de la Sarthe, frère de l'ancien préfet de Police. Il est transféré à Paris sous la surveillance d'un capitaine de gendarmerie, mais encore une fois déli-

vré par M. de La Rochejacquelein et M. de Brosse
qui obtiennent la complicité de l'officier chargé
de le garder.

Eux seulement? Ils ne sont pas poursuivis,
Auguste de la Rochejacquelein, colonel des Grenadiers royaux, ne reçoit aucun blâme ; le Gouvernement consent donc à l'évasion s'il ne l'ordonne
pas. Le zèle intempestif de ses agents a arrêté
Maubreuil ; en lui ouvrant les portes, on se débar-
rasse de lui.

Mais le voici encore : le voici établi sous le
nom de Durand, barrière du Roule, dans une
maison garnie tenue par un nommé Lecomte. Il
remet 32.000 francs à ce Lecomte pour meubler
une maison à Vaucresson, près Saint-Cloud — ou
il recevra Napoléon II ; il envoie Lecomte à La
Ferté-Bernard porter des lettres à des conspirateurs ; Lecomte est arrêté, transféré au dépôt de
la Préfecture, puis, ayant aidé à faire prendre
Maubreuil et ayant livré « des documents précieux », mis en liberté et gratifié d'une pension
de 400 francs sur la liste civile.

Maubreuil arrêté à Vaucresson pour l'affaire
Lecomte[1] est traduit pour *l'abus de confiance* (c'est

---

[1] Maubreuil a une façon à lui d'expliquer cette affaire et, bien
que son explication soit singulièrement confuse, il faut la donner.
Dans un acte de récusation qu'il lance le 4 août 1817, à Rouen,

le vol de diamants) devant le Tribunal correctionnel de Paris qui se déclare incompétent. Mais il y
a eu débat, là et devant la Cour royale où M⁰ Cou-

contre M. Pasquier, garde des Sceaux, « en tant que Son Excellence, en sa qualité, entendrait présider les sections réunies de la
Cour de Cassation qui doivent prononcer sur le pourvoi fait par
M. le procureur général de la Cour de Rouen contre l'arrêt rendu
par la même Cour le 25 juillet dernier dans le procès instruit
contre le déclarant à la requête du ministère public », il allègue
pour second motif : « En avril 1816, le préfet du Mans, Jules
Pasquier, me rencontre par hasard. Il me fait l'infâme proposition de venir à Paris trouver son frère, le ministre actuel, et
M. Decazes, m'offre toutes sortes de dédommagements si je veux
dénoncer le comte d'Artois comme ayant voulu en 1814 faire
assassiner *Napoléon et sa famille*, me prêter enfin à déshonorer
ce prince, chef du gouvernement lors de la signature des ordres.
Il me comble d'égards et de soins. J'arrive à Paris. En homme
d'honneur, je fais part à M. de La Rochejacquelein, sous le
sceau du secret, de ce qu'on veut, ainsi qu'au marquis de Brosse ;
tous deux me conseillent de ne point aller trouver les deux
fourbes, Decazes et Pasquier. Je me retire en silence à Vaucresson
par l'avis de M. de la Rochejacquelein, en attendant la possibilité de recourir à une justice indépendante, hors des hautes
influences et des ténébreux projets ; que fait l'infâme Pasquier?
N'osant m'arrêter pour l'ancienne affaire, à cause de la mise en
liberté solennelle du 18 mars 1815 ; il offre de me faire dénoncer
par son frère ; M. Decazes accepte : alors, le parjure Jules Pasquier
me dénonce comme faisant partie du complot de Grenoble... On
m'enlève de Vaucresson le 11 juin ; on me traîne, lié, garrotté, les
fers aux mains. Au moyen de cet odieux prétexte, depuis quatorze
mois, ces deux fourbes me torturent pour me décider à servir
leurs projets, avec tant d'inhumanité qu'on ne voudra ni ne pourra
le croire un jour. »

C'est à peu près la même explication qui, plus confusément
encore, se trouve dans une lettre autographe de seize pages in-4°
que Maubreuil écrit *de son secret*, le 31 octobre 1817, à M. le
premier avocat général près la Cour de Douai : lettre dont on ne
saurait imposer la lecture, car là, la folie éclate tout entière ;
dans l'une et l'autre pièce comme on voit, il a soin de confondre
l'arrestation au Mans avec l'arrestation à Vaucresson. Sur cette

ture le défend et représente les ordres qu'il a reçus. Maubreuil parle à son tour ; il est verbeux, incohérent, puis d'une violence d'aliéné ; ses discours sont d'un fou ; les lettres qu'il écrit par centaines sont d'un fou. Mais sa défense n'est pas d'un fou.

Voici, d'après un témoin autorisé, les paroles qu'il prononça et dont on eut soin d'empêcher toute diffusion par l'impression. « ... Jamais je n'ai été ni commis du Trésor, ni envoyé à la recherche des caisses, sacs, etc., encore moins chargé de protéger la retraite de la famille Napoléon. Que le ciel les préserve à jamais de protections semblables à celle qu'on m'avait chargé de leur assurer !!... Français, vous allez la connaître enfin cette mission. Daignez au moins croire que jamais l'idée d'un lâche assassinat contre un homme admiré naguère de tout l'Univers et dont le sort contraire à l'Europe conjurée remettait la vie entre mes mains ne souilla ma pensée ! Non !

dernière les *Mémoires de Semallé* donnent des détails qui se trouvent confirmés par des lettres d'un sieur Galleton, officier de paix, et qui impliquent dans l'affaire un nommé Rémy, frotteur au Palais de Saint-Cloud ; c'était ce Rémy qui logeait Maubreuil et qui le livra. Et toujours apparaissent de Brosse, Dasies, Faverolles, ex-commissaire des Guerres. De Brosse est arrêté et aussitôt relâché. C'est de Brosse qui, à la première audience de la police correctionnelle le 10 avril 1817, paraîtra seul aux côtés de Maubreuil pour le défendre.

Français ! Non ! Vous approuverez ma conduite !
En acceptant cette fatale mission, je conçus, le premier jour, le projet de lui sauver la vie ainsi qu'à
son fils et de leur faire mille fois un rempart de
mon corps plutôt que de souffrir que l'on attentât
à leurs jours... Ai-je eu tort Français ? »

Voilà l'ingénieuse forme de défense qu'il a trouvée et voici comme il en couvre le vol de Fossard :
« J'étais loin de m'attendre, je l'avoue, que ces
mêmes journaux qui m'ont calomnié pendant
trois ans, alors que je gardais un morne silence,
et cela par respect pour les hauts intérêts politiques, saisiraient avec avidité l'occasion de proclamer une relation aussi scandaleuse, aussi défi-
gurée que celle qu'il a plu à M. le procureur du
Roi de faire ici *relativement à la partie insigni-
fiante de ma mission* et qui a rapport aux caisses
et aux quatre sacs Westphaliens. »

La Cour royale de Paris a déclaré la compétence
du Tribunal correctionnel ; la Cour de Cassation
casse l'arrêt et renvoie Maubreuil devant la Cour
d'Amiens dont l'arrêt en faveur de la compétence
est de nouveau cassé : renvoi à la Cour de Douai
qui attribue de nouveau la compétence à la police
correctionnelle et évoque la cause, c'est le 22 décembre 1817 ; depuis dix-huit mois, Maubreuil est
traîné de prison en prison, toujours au secret. Le

1ᵉʳ janvier 1818, il s'évade de la Tour Notre-Dame
où il est détenu.

« Dans la journée, il a eu plusieurs personnes à
sa table : un employé au greffe de la Cour, un
écrivain à l'état-major de la place qui lui sert de
secrétaire, un individu détenu pour contrebande.
Le repas a duré de dix heures et demie à deux heures
et demie. Il a reçu ensuite quelques visites. »
Sa cellule donnait sur un balcon où une senti-
nelle veillait nuit et jour. A six heures, quand on
entre par hasard dans sa cellule, la porte est
ouverte ; un drap de lit pend au balcon : le fac-
tionnaire n'a rien vu, rien entendu. La cellule a
une seconde porte sur un couloir intérieur. Cette
porte est fermée. Et, pour l'ouvrir, on va chercher
un serrurier. Maubreuil en a emporté la clef dans
sa poche !

Le 6 mai suivant, la Cour de Douai, jugeant par
défaut, le condamne pour le vol de bijoux à cinq
années d'emprisonnement, 500 francs d'amende,
dix ans d'interdiction de ses droits et de surveillance.

De la conspiration pour Napoléon II, du prétendu complot contre les princes que Semallé
se trouve encore dénoncer et qu'il s'attache à démontrer, moyennant le concours bénévole de

royalistes employés à la police militaire comme M. de la Tourette et M. Rivoire, ou travaillant en amateurs comme M. de Courcy-Montmorin, il n'est pas question dans l'arrêt; mais le marquis de Brosse a protesté par une pétition à la Chambre des députés contre l'emprisonnement de Maubreuil; Semallé, mis en cause à propos de l'arrestation de Bruxelles, a riposté par une brochure que Maubreuil a attaquée comme diffamatoire. Procès sur procès, arrêts sur arrêts, et toujours les mêmes folies.

De Douai, Maubreuil est passé en Belgique, puis en Angleterre où il a retrouvé Dasies et où grouille une bande étrange de personnages, épaves de l'émigration, rebut de la Révolution, détritus de la police impériale, journalistes à vendre, pamphlétaires à acheter, tout un lot de héros du 31 mars pour qui l'air de Paris est malsain et Sainte-Pélagie trop hospitalière; puis, des bonapartistes proscrits ou redoutant la proscription, des serviteurs de Napoléon débarquant de Sainte-Hélène, un monde au milieu duquel Maubreuil s'agite, pérore, se bat, forge des escroqueries nouvelles, accablant de ses lettres l'ambassadeur de France, menaçant les princes, les rois, les empereurs, de révélations qui feront scandale, et trouvant, comme de juste, des amateurs qui, pour leurs journaux, s'empressent à recuillir ses *informations*.

Il a déjà usé de la presse anglaise : de sa prison, le 3 juin 1817 il a trouvé moyen d'adresser au *Morning Chronicle* une lettre où il mettait en cause Pozzo di Borgo ; cette lettre a été publiée. Elle a fait sortir Pozzo du silence obstiné qu'il a gardé jusque-là sur Maubreuil, dont le nom n'a pas été une seule fois inséré dans sa correspondance : ici, c'est de lui-même qu'il s'agit et, bien « qu'il n'ait pas voulu profaner les archives » en accompagnant les pièces de Maubreuil « d'une dépêche formelle », il en dit assez dans une lettre particulière au comte Nesselrode pour qu'on comprenne qu'il en sait bien plus encore : « Le scélérat qui en est l'auteur, écrit-il, est le fameux Maubreuil que M. de Talleyrand avait envoyé en course les premiers jours du Gouvernement provisoire en 1814. Personne de nous n'a jamais vu cet homme et le seul acte qu'il ait d'un Russe est le simple *visa* du général Sacken, comme gouverneur de Paris au bas d'un passeport français, formule qui se répétait cent fois par jour à cette époque. Quel que fût l'objet de la mission de Maubreuil, le résultat termina par le vol des diamants et autres effets de la reine de Westphalie ce qui lui valut un emprison-

nement. Plusieurs mois après, vous m'ordonnâtes
de m'intéresser pour faire rendre les effets volés,
j'en parlai dans le temps aux ministres qui en
découvrirent une partie, disant qu'on les avait
trouvés dans une caisse sous l'eau, au pied d'un
des piliers du Pont Royal, circonstance imprimée
alors dans les Gazettes. Maubreuil continua depuis
à être détenu sans qu'aucun de nous se soit
jamais mêlé, même en idée, de cette vilaine affaire.
Se voyant perdu, il s'est imaginé qu'en menaçant
de dire que son entreprise était connue d'une plus
haute autorité et qu'elle avait pour objet la des-
truction de Bonaparte, on empêcherait son jugement, et en conséquence sa punition, c'est-à-dire
qu'on interviendrait pour avouer les calomnies
qu'il invente. N'ayant pas réussi, il s'est avisé de
m'envoyer de sa prison les turpitudes qu'il ose
écrire dans les feuilles ci-jointes. Le duc de Richelieu et le garde des Sceaux à qui j'en ai parlé,
ont été d'opinion, comme moi, qu'il fallait traiter
ces tours de galérien avec mépris. Vous remar-
querez, Monsieur le comte, que ce malheureux
parle d'un Russe avec lequel il paraît avoir des
rapports. Je les ignore et ne veux pas même nommer l'homme qu'il donne à soupçonner. Je n'aurais pas dû attirer l'attention de Votre Excellence
sur une pareille infamie un seul instant, cepen-

dant, quoique méprisée de tout le monde, il m'a
paru plus sûr de la lui faire connaître, ainsi que
le cas qu'on en fait ici. »

Pozzo rejette, comme on voit, sur Talleyrand,
la responsabilité entière de la *course* de Maubreuil ;
— c'est un mensonge. Il affirme que la responsabilité de Sacken se borne à un visa au bas d'un
passeport français ; — c'est un mensonge. Il dénature tous les incidents ; il ignore tout des affaires
de Maubreuil ; il *s'est intéressé* pour faire rendre
les objets volés, alors que rien n'a été rendu. Il a
oublié les ordres qu'il a reçus de son empereur ; il
ne sait pas que la reine de Westphalie est la cousine de son souverain. Tout est faux de ce qu'il
dit, cet homme si avisé, si pénétrant, qui est instruit de tous les dessous et qui a tout d'un policier,
jusqu'à l'habitude du mensonge. Sans prétendre
qu'en l'accusant d'avoir participé à l'affaire, Maubreuil soit dans la vérité, ne peut-on penser, pour
le moins, que Pozzo ne montrerait pas à la fois tant
d'indignation et si peu de mémoire s'il ne connaissait toute l'affaire et n'avait à craindre que Maubreuil ne la révélât. Au reste, cette lettre écrite,
Pozzo se renferme dans le silence et, à l'ordre
que lui transmet Nesselrode le 17-29 juillet, au
nom de l'empereur « de lui faire connaître le nom
du Russe avec lequel Maubreuil prétend avoir eu

des rapports, ainsi que tout ce qu'il pourra apprendre à ce sujet », il ne répond rien.

Sauf sur ce point particulier, Nesselrode, qui, ayant été chargé par l'empereur Alexandre des premières démarches, sait à quoi s'en tenir, prescrit lui aussi le silence, commande la prudence, ne semble avoir d'autre objet que d'étouffer le scandale; il a prescrit au prince Lieven, ambassadeur à Londres, de réclamer, près du prince régent et de lord Castlereagh, contre la publication de la lettre de Maubreuil dans le *Morning Chronicle*. On répond à Lieven qu'il est impossible de poursuivre l'éditeur parce qu'il a publié la lettre sans commentaire, et Nesselrode trouve que cela vaut mieux.

Mais, à Londres, Maubreuil se rend bien autrement redoutable. Il a amené ou il a trouvé sur place une façon de secrétaire. Il annonce qu'il va publier le récit des persécutions qu'il a subies, révéler tous les secrets, déchirer tous les masques. Lieven s'émeut, mais, bien plus, l'ambassadeur de France, d'Osmond, auquel le chef de sa police, Beaumont-Brivazac, cousin de Decazes, ci-devant directeur de police à l'Armée de Catalogne, transmet, en les aggravant, les menaces de Maubreuil. Il y a là un chantage, mais est-il organisé par Beaumont, ou par Maubreuil, ou par l'un et l'autre [1]? Maubreuil paraît toujours argenté, il dispose de sommes importantes, il remue à des moments les louis à poignée. A l'ambassade, on semble prêt à entrer en accommodement. Mais Maubreuil ne s'arrête point : d'abord, il lance un *Mémoire adressé aux membres du Parlement* dont les fragments paraissent dans le *Statesman*, puis des brochures, des appels à l'Europe, des appels au Congrès d'Aix-la-Chapelle : ADRESSE AU CONGRÈS ET A TOUTES LES PUISSANCES DE L'EUROPE *envoyée à Aix-la-Chapelle, à tous les souverains, à leurs ambassadeurs, à leurs ministres et aux différents Cabinets relative à* L'ASSASSINAT DE NAPOLÉON ET DE SON FILS, *attentat (selon Marie-Armand de Guery* DE MAUBREUIL, *marquis d'Orvault) ordonné par la Russie, la Prusse et les Bourbons; dans*

---

[1] Le policier amorce le chantage par un rapport confidentiel en date du 14 mars 1818, où il annonce tous les désastres qui vont fondre sur le Roi et sur les princes si Maubreuil publie ses mémoires, mais il donne en même temps le remède : « Maubreuil laissera de côté procédures, mémoires écrits et inédits, toutes lettres et documents secrets relatifs à cette affaire et à ce qui s'est passé avec M. S. P. Mais, pour se fixer à Londres et avoir les moyens de travailler, il demande une licence *secrète* pour exporter, par les petits ports de la Vendée, loin de l'œil des négociants dont la cupidité serait tentée, la valeur de 300.000 francs en blé froment au cours, pour l'achat desquels ses parents et amis feront les fonds qui pourront lui manquer. »

Dans ses lettres au marquis d'Osmond, ambassadeur du Roi, (deux lettres du 27 mars et une du 10 avril) Maubreuil n'a garde de faire lui-même la proposition, mais il insiste sur les menaces de publication et allègue son dénûment.

laquelle sont exposés tour à tour les moyens adop-tés par eux pour le masquer aux yeux du monde entier, et les différentes intrigues d'un très grand nombre de personnages.

Ce titre seul dénote l'aliéné : mais le texte est plus probant encore : Il avait résolu, « de s'en tenir à un simple *enlèvement* de... (celui dont on voulait le sacrifier entier, même dont le fils sur-tout ne devait pas être épargné), de s'en tenir à un simple *enlèvement* de... et à la *remise* de sa personne à Ferdinand VII; et cela comme une *réciprocité* qui pouvait avoir lieu en raison aussi de l'*enlèvement* de ce roi lui-même, à Bayonne, en 1808, et de sa *détention* ensuite à Valençay, pendant dix années ». Voilà le style et la forme ; à Charenton ou à Bedlam, il y a des fous plus rai-sonnables.

A chaque brochure, il y a recrudescence de l'accès. Presque raisonnable, ou du moins à peu près logique, dans les premières pages, Maubreuil, à mesure qu'il écrit, accroît son délire qui s'étale en phrases interminables et incompréhensibles. Il veut être confronté avec Napoléon et, pour cela, être envoyé à Sainte-Hélène; il a causé avec Alexandre, assis sur le bord de son lit; il a eu des entretiens familiers avec le roi de Prusse. Et, non content des brochures qu'il imprime, non content des lettres qu'il écrit à d'Osmond, il en écrit de pareilles, tout aussi longues à Beaumont-Brivazac, à Danican, à Chateauneuf, à Dumas de Montbadon, à Dasies, à une foule d'êtres mystérieux qui sont à Londres on ne sait pourquoi, faisant on ne sait quelles besognes malpropres, pour le compte d'on ne sait qui.

Il ne reste pas en Angleterre. Vers 1820, il est sur les bords du Rhin ou en Belgique, où il publie d'autres brochures; en 1822, il est à Guernesey, entretenant avec la France des correspondances dont s'inquiète le ministre de l'Intérieur et que doit surveiller le préfet de la Manche [1]; en 1823, il rentre à Paris, tombe malade, est porté à l'hôpital Saint-Louis; on l'y arrête, on le mène à la Conciergerie; on l'expulse du royaume en lui disant « que le moment de reparaître n'est pas encore venu ». Il doit passer encore deux années en Belgique, mais le Gouvernement royal lui fait une pension. En 1825, le voici de nouveau à Paris, dénué de tout, sans habits, sans argent. Il va droit à la préfecture de Police « préférant dans son triste état se constituer prisonnier que de se

[1] Certaines de ces lettres adressées à un M. Virgile Roze, chez Adrien, au Lion d'Or, rue Saint-Clément à Nantes, indiquent toutes sortes de commerces de chevaux, de marchandises des Indes, des procès, des dettes à l'infini, des prodigalités ineptes et une misère noire, mais rien de politique.

faire arrêter ». Avec quelque argent qu'on lui donne, il va s'établir dans un grenier, rue de l'Arbre-Sec, où il reçoit la visite de son ancien ami, le marquis de Brosse, et de son ci-devant domestique, Prosper Lebarbier, devenu Lebarbier de Sérigny et propriétaire de manufactures. L'indemnité des émigrés va être votée ; Maubreuil a des réclamations à produire dans deux ou trois départements. On lui prête de l'argent, on le nippe, et, bientôt après, mis en possession de sommes importantes — peut-être données par le nouveau roi Charles X — il entre dans les affaires de Lebarbier et de M. de Brosse, achète à Montville une papeterie qui doit l'enrichir, se mêle à des spéculations, puis se brouille avec ses associés, leur intente des procès, publie des mémoires, se replonge dans la chicane. Dans ses mémoires, si violents qu'ils soient, nulle allusion pourtant au passé — pas même lorsqu'il constate l'étrange rapidité avec laquelle son ancien valet a fait fortune.

On pourrait le croire tout entier à ses procès, à ses spéculations ou à sa ruine nouvelle. Mais soit que, ayant dissipé ce qu'il avait reçu, il veuille essayer un nouveau chantage, soit que, n'ayant plus le cerveau occupé ailleurs, il donne de nouveau dans ses délires, il se reprend à Talleyrand :

Certes, depuis 1814, depuis l'entrevue avec Vitrolles, il accuse Talleyrand de lui avoir donné cette mission fatale. Il l'a crié en 1817 devant le Tribunal et la Cour royale, mais ce n'est que peu à peu qu'il a vu en Talleyrand *le persécuteur*. A présent, il veut un scandale, il le prépare, et à Saint-Denis, le 21 janvier 1827, à l'issue de la cérémonie expiatoire de la mort de Louis XVI, il se jette sur Talleyrand et le soufflette. Il est arrêté, traduit en police correctionnelle : Alors, déluge de brochures, deux, trois, quatre brochures, inspirées, non écrites par lui, certaine tout à fait curieuse, où l'affaire de Fossard est reprise point par point, de façon à intimider Charles X et le Polignac qui va devenir son principal ministre.

Condamné à cinq ans de prison, dont il fait quelques mois à l'infirmerie de la prison de Poissy, il est mis en liberté lors de la constitution du ministère Polignac [1].

On croit savoir que, de 1830 à 1840 pour le moins, il reçut en Belgique une pension de 5.000 francs du gouvernement de Louis-Philippe [2]

---

[1] Il est en liberté le 27 février 1829 où il écrit des lettres violentes au duc de Rovigo « dont il attend une rétractation complète. »

[2] En 1836, à la suite de rixes avec des « ruffians prussiens », il est sur le point de perdre cette pension et adresse une hottée

et que plus tard il en eut une de 2 500 francs de Napoléon III [1]. Il prétendait n'avoir été persécuté que pour n'avoir pas exécuté les ordres qu'il avait reçus, n'avoir pas tué Napoléon, le Roi de Rome et Marie-Louise ; il disait avoir fait passer à Sainte-Hélène des avis importants ; il était pauvre et l'Empereur était bon.

D'ailleurs, le fils de ceux-là qui avaient été ses victimes — le roi Jérôme et la reine Catherine — a aussi pardonné. Le prince Napoléon écrivait en 1865 : « Sans ces lignes qui apprennent à nos lecteurs qu'il vit encore, peu d'entre eux auraient l'idée de reconnaître le comte de Maubreuil dans un grand vieillard que l'on voit errer quelquefois autour des hôtels de quelques familles vendéennes dont il se dit le parent, aux portes des ministères, à celles même des palais impériaux. Son aspect est pauvre sans être dégradé et ses traits, ravagés et un peu hagards, portent plutôt l'empreinte des plus terribles passions que celles de l'extrême vieillesse et de la misère. Il parle, à ceux que la

d'injures à M. Brenier, alors chargé d'affaires à Bruxelles, et des lettres injurieuses à Louis-Philippe, au duc d'Aumale et au duc Decazes.

[1] M. Belmontet lui sert d'intermédiaire en 1853 et 1858 pour réclamer l'arriéré de sa pension. Le 19 juillet 1862, Maubreuil s'adresse directement à l'Empereur pour demander qu'elle soit augmentée.

curiosité retient un moment auprès de lui, un langage déclamatoire et violent, le même dont se servaient les hommes des générations passées pour exprimer des haines inconnues à la nôtre ou dépassant la mesure de notre énergie. »

Maubreuil, malgré les brochures qu'il se plaisait encore à publier de temps à autre[1] inspirait

[1] Je n'ai point la prétention d'énumérer toutes les brochures qu'a pu imprimer ou inspirer Maubreuil. Elles sont en nombre infini. Certaines semblent avoir été seulement composées et tirées à la brosse. Elles se répètent d'ailleurs et se copient toutes. Voici pourtant, en dehors des factums judiciaires, celles que j'ai pu voir[1] :

La première en date, la plus caractéristique l'*Adresse au Congrès* dont j'ai donné le titre ci-dessus, a été, la même année (1818), traduite en anglais et imprimée chez Schulze and Dean, sous ce titre : *Translation of an address to the Congress, to all the powers of Europe, concerning the assassination of Napoleon and his son ; in which are exposed the chief means employed by the Bourbons to ruin those who prevented the execution of that political atrocity ; the pretexts successively adopted to conceal it from the knowledge of the World ; and the different intrigues of a great, number of personnages.* Outre les éditions en langue française publiées en Angleterre, il en existe au moins une sous la rubrique

[1] En 1817, il faut signaler : *Adresse à MM. de la Chambre des députés*, signée le marquis de Brosse. (Paris, Dentu, 1817, in-8°).

Réponse de M. le comte de Semallé aux inculpations de M. le marquis de Brosses (Paris, Michaud, 1817, in-8°).

M. Dasies à M. le comte de Semallé (S. D. Mᵐᵉ Jeunehomme, 1817, in-8°).

Plaidoyer prononcé le 14 juin devant la Cour royale par Mᵉ Pinet pour M. de Maubreuil (affaire Semallé). (Paris, Lenormant, 1817, in-4°.)

Plaidoyer pour M. Marie-Armand Guerry de Maubreuil, marquis d'Orvault, prononcé par Mᵉ Couture le 17 avril 1817, recueilli par le sténographe (S. D. Porthmaun, in-8°).

Mais ces brochures ne sont indiquées ici que comme références : Maubreuil a participé à certaines, mais il n'en est pas l'auteur.

Relativement au jugement de 1818, on a publié en 1827 :

Affaire de Maubreuil jugée définitivement à la Cour royale de Douai, le 6 mai 1818. (Paris, Delaforest, 1827, in-8°.)

alors quelque pitié, mais la misère lui pesait et il
voulut faire une fin opulente. En 1812, il s'était

Dusseldorf. Quérard indique une édition de Paris, même date,
que je n'ai pas vue.

Du même courant viendrait, s'il est vrai, qu'elle ait été imprimée à cette date : *Lettre de M. Marie-Armand de Guerry de Maubreuil, marquis d'Orvault adressée, à S. A. R. le prince régent d'Angleterre* (Londres, 7 juillet 1819), *publiée à Philadelphie en 1819,
réimprimée à Guernesey en 1819 et à Londres en 1820.* Mais cette
pièce ne m'est connue que par la réimpression faite à Paris, en
1854.

Il faut de là sauter à 1827, où l'on trouve :

*Précis de ce qui a été dit par M. de Maubreuil à l'audience du
31 juillet 1827, dans l'affaire Paulmier et entièrement supprimé
par la censure* (Paris, Giraudet, 1827, in-8°).

*Cour Royale. Chambre des appels de Police correctionnelle.
Précis de ce qui a été dit par M. de Maubreuil (Séance du 29 août)*
(Paris, Guiraudet, S. D., in-8°).

*Notice historique sur Marie-Armand de Guerry de Maubreuil,
marquis d'Orvault... par un de ses anciens compagnons d'infor-
tune.* (Paris, Guiraudet, 1827, in-8°.)

*Plaidoyer de M° Germain devant la Cour Royale le 15 juin
1827.* (Paris, Guiraudet, 1827, in-8°.)

*Réplique de M° Pinet pour M. de Maubreuil à l'audience de la
Cour Royale, section correctionnelle le 29 avril 1827.* (Paris, Guiraudet, 1827, in-8°.)

*Réplique de M° Pinet pour M. de Maubreuil le 15 juin 1827, de-
vant la Cour Royale, section correctionnelle.* (Paris, Guiraudet,
in-8°).

Ces dernières pièces réimprimées sous le titre :

*Extraits des plaidoyers et mémoires des avocats Germain et
Pinet (imprimés en 1827).* (Paris, Guiraudet et Touaust, 1855,
in-8°).

Quérard annonce :

*Exposé des motifs de sa conduite envers le prince de Talley-
rand.* (Paris, 1827, in-8°), que je crois n'être autre que la *Notice
historique* ci-dessus.

En 1829 :

*Adresse à MM. les députés par Marie-Armand de Guerry de
Maubreuil. Poissy 7 mars 1828 (publié le 15 avril 1829)* (Paris,
Guiraudet, 1829, in-8°.)

adressé à Villiaume pour contracter une alliance avec une jeune fille riche. En 1866, il s'adresse à un certain docteur S... « pour chercher, soit une adoption, soit un mariage qui lui permît, comme il dit, de finir ses jours en paix ». Il n'avait pas

Rien, que je sache, en 1830.

En 1831 :

Chateaubriand démasqué ou Examen critique de sa brochure sur la monarchie élective. Paris, Werdet, 1831, in-8°.)

En 1835 :

M. de Maubreuil et la diplomatie ou adresse au congrès de Tœplitz, par M. de Maubreuil, marquis d'Orvault (La Haye, Doorman, 1835, in-8°.)

En 18.. ?

Extraits généalogiques, historiques, nécrologiques, relatifs aux parents et alliés du comte Armand de Guerry de Maubreuil, marquis d'Orvault, qui ont servi la cause monarchique dans tous les temps et continué depuis 1790 à servir la cause royaliste, dite aussi « du trône et de l'autel ». S. L. N. D. (en épreuves.)

En 1854 :

Réimpression de *Lettre adressée à S. A. R. le prince Régent d'Angleterre* (Londres, 7 juillet 1819.) Ci-dessus. (Paris, Guiraudet et Touaust, 1855, in-8°.)

En 1855 :

Extraits des plaidoyers et mémoires des avocats Germain et Pinet (imprimés en 1827) ci-dessus (Paris, Guiraudet et Touast, 1855, in-8°).

En 1857 :

Réimpression à Nantes, chez la veuve Mangin, de la *Lettre* ci-dessus.

En 1861 :

Histoire du soufflet donné à M. de Talleyrand-Périgord... par M. Marie-Armand comte de Guerry de Maubreuil, marquis d'Orvault. (Paris, les principaux libraires, 1861, in-8°.)

Placet, à S. M. Napoléon III (17 octobre 1861). (Paris, Pilloy, fol.)

Enfin les *Mémoires* dont la publication fut commencée dans un journal dont j'ai vu la coupure, sans parvenir à en trouver le titre ; et les *Mémoires judiciaires* sur le procès de Montville.

le droit d'être difficile et on lui trouva la fiancée qu'il lui fallait. Il épousa en novembre, dans le Luxembourg d'où elle était originaire, une fille, Catherine Schumacher, qui se faisait appeler Mme de La Bruyère et qui avait gagné une sorte de fortune par l'Europe. Il reconnut par surcroît un garçon que cette fille avait, disait-elle, adopté et qui était né, en 1856, à Bucharest d'une prétendue Pauline Drouin écuyère. Le père Schumacher était cocher de fiacre, la mère tenait un garni, mais la fille avait son hôtel, ses chevaux, de beaux bijoux, des rentes et surtout de nombreuses créances dont l'origine était médiocrement pure. A propos d'une de ces créances dont ils réclament conjointement le paiement, voici encore Maubreuil et sa prétendue femme — non ! le marquis et la marquise d'Orvault — devant les tribunaux ; les y voici à propos d'une pension alimentaire que réclament à leur fille, le père et la mère Schumacher ; les y voici, enfin, à propos d'une tentative d'assassinat commise sur *la marquise* par son frère, employé au Comptoir d'escompte, où il a fait des faux. L'affaire Maubreuil revient à la mode et les journaux y trouvent matière à une copie abondante. Même y cherche-t-on ce qui n'y est point, des attaques contre l'Empire, et n'y veut-on point voir ce qui y est : la révélation de ce que fût la pre-

mière Restauration. L'enfant de Catherine a été
renvoyé de Sainte-Barbe-des-Champs : c'est un
nouvel élément de polémique morale sur l'innocence des bâtards. Maubreuil, qui a tant aimé le
bruit, en fait encore plus qu'il ne souhaiterait
peut-être, à quatre-vingt-trois ans. Au moins en
tire-t-il parti, fait-il imprimer des brochures,
annonce-t-il ses *Mémoires* dont un journal commence la publication. Il faut croire qu'il y trouve
quelques ressources momentanées — peu — car,
après un passage à Asnières où il abandonne en
partant une malle de papiers, il va mourir misé-
rablement le 17 juin 1869, à l'hôtel de Bordeaux,
rue Capron, derrière la butte Montmartre. On rendit, paraît-il, les honneurs militaires à ce chevalier de la Légion d'honneur.

Que ne s'était-il tenu tranquille ? Il eût été
colonel comme M. de Vanteaux qui, pour ses problématiques services en Hollande et en Normandie,
fut colonel à l'état-major de la 1ʳᵉ division militaire
le 1ᵉʳ septembre 1815, et confirmé dans son grade le
28 mai 1820 ; il eût été colonel comme M. de Coësbouc et eût, comme lui, commandé la place de Vitry-
le-François, à moins que comme le faux marquis
de La Grange, il eût, en état flagrant d'usage de
faux, d'usurpation d'état civil, de nom et de titre,

touché son traitement de réforme ; il eût été maître des Cérémonies comme M. de Geslin ; gentilhomme ordinaire de la chambre du Roi comme M. de Semallé ; conseiller d'Etat et député comme M. Dudon, ambassadeur et pair de France comme M. de Vitrolles ; il eût au moins fait une grande fortune comme son ancien valet Lebarbier de Sérigny. — Qui niera que sa place était marquée entre Polignac et Bourmont dans le dernier Cabinet de Sa Majesté Très Chrétienne ?

Mais il eut trop de logique, manqua de mesure et se trompa d'époque. Ce qui était légitime le 8 avril ne l'était plus le 20 ; ce qui avait été louable à Orléans ne l'était plus à Fossard ; dévaliser une Autrichienne était un haut fait, une Wurtembergeoise un crime. Qu'on aille donc s'y reconnaître ! Attacher la Légion d'honneur à la queue de son cheval, faire ses ordures sur la tête de la statue de Napoléon, c'était un excès de zèle qu'on eût sûrement excusé, si on ne l'eût pas récompensé, mais jaser hors de propos était un attentat de lèse-majesté et on le lui a fait bien voir. Il était à demi fou, on l'a rendu fou plus qu'aux trois quarts ; point assez pour qu'il ne fût pas responsable, mais, comme on dit à présent, avec une responsabilité atténuée.

Ce qui ferait douter qu'il fût irresponsable, ce

sont les ménagements qu'il a su garder vis-à-vis
de certains hommes, c'est son étonnant mutisme
au sujet du comte d'Artois. Jamais il ne l'a accusé,
jamais il ne l'a compromis, jamais il n'a parlé ou
écrit sur lui. Des relations qu'ils eurent, l'aveu ne
vient pas de lui, mais de Charles X. « De pareilles
gens sont embarrassants, disait Charles X à
M. Royer-Collard, un jour qu'il était question de
Maubreuil. Ce sont des brigands et des canailles
et, par malheur, on a eu des rapports avec eux.
Quand on conspire, on est exposé à se mettre en
mauvaise compagnie, n'est-ce pas, monsieur
Royer-Collard, vous devez avoir éprouvé cela,
vous qui avez conspiré ? — Sire, je n'ai jamais
conspiré qu'avec des honnêtes gens », répondit
Royer-Collard. Ce qui démontre ou que les corres-
pondants du comte de Lille étaient de grandes
dupes, ou que leurs conspirations étaient singulièrement anodines — à moins qu'ici comme ailleurs,
l'hypocrisie ne fût un des éléments essentiels de la
Doctrine.

*
* *

L'affaire Maubreuil n'est pas une cause célèbre ;
elle est un morceau de l'histoire ; elle n'est pas
un accident, elle est une conséquence ; elle n'en-
tache pas un homme, elle flétrit un régime. Mau-

breuil n'intéresse pas comme personnalité, mais comme partie d'un groupe dont il est peut-être un des individus les moins suspects, les moins tarés, les plus présentables. — Et c'est ce groupe qui a fait la Restauration.

Dans l'affaire Maubreuil, qui est en cause, ce n'est point cet aventurier à demi responsable, c'est Monsieur qui lui a donné ses ordres, ce sont les amis de Monsieur qui l'ont employé et qui, sans doute, ont partagé avec lui le butin de Fossard.

Par la suite, il ne s'agit même plus d'un attentat individuel dont les auteurs n'ont été ni poursuivis ni punis, il ne s'agit point d'une magistrature servile inclinant la Loi devant le bon plaisir du Roi ; il s'agit d'un acte souverain, par lequel le roi Louis XVIII, pour profiter du vol qu'a ordonné son frère, déchire le traité auquel il doit son trône, renie l'adhésion qu'il y a solennellement donnée, et par là justifie, de la part de Napoléon, toutes les représailles.

Le 20 mars n'a pas été seulement la révolte de la nation contre un prince imposé par l'étranger ; il n'a pas été seulement la revanche des Français patriotes contre des aigrefins, qui, par un coup à à la Malet, avaient imposé aux Parisiens leurs cocardes et leur drapeau ; il n'a pas été seulement l'insurrection contre un régime de favoritisme qui

menaçait les biens, la liberté, la vie des citoyens,
qui renouvelait l'ancienne monarchie sans ses
garanties corporatives, sans ses résistances parlementaires, sans ses libertés provinciales, sans ses
traditions militaires, et qui n'organisait rien, hormis le pillage des caisses, le pillage des emplois,
le pillage des grades, le pillage des croix, le pillage de la France ; il a été, de la part de Napoléon
— et l'affaire Maubreuil n'est qu'un épisode entre
cent — la plus légitime des revendications, la
plus légale, peut-on dire, car ce n'est pas lui qui a
rompu le traité du 11 avril, ce sont les Bourbons.
Ceux-ci n'ont été envoyés en possession du trône
qu'après avoir reconnu et promis d'observer le
pacte qui, en échange des droits que Napoléon
avait abdiqués, lui en garantissait d'autres, précis,
nettement spécifiés, et mis par l'Europe à leur
charge. Ils ont outrageusement méconnu tous ces
devoirs parce qu'ils l'ont cru faible et désarmé.
La revanche a été prompte. Il a paru seul, sans
soldats et sans argent, et, eux avec leur armée,
leurs généraux, leurs préfets, leurs courtisans, ont
fui piteusement — emportant toutefois, comme
viatique, l'argent du Trésor et les diamants de la
Couronne.

*Nous reproduisons ici les Ordres que donnèrent à
M. de Maubreuil les ministres français, d'après les
originaux conservés au Greffe de la Cour de Douai et
reproduits d'abord par M. de Savignon, avocat général
à la suite du Discours qu'il a prononcé à l'audience
de rentrée du 17 octobre 1892. (Douai, 1892.)*

Ministère
de la Guerre

Paris le 16 avril 1814
cent-Siege

Le Ministre de la guerre Autorise
Mr De Moubreuil à se présenter
près des autorités militaires, et à requérir
la force armée pour l'éxécution des mesures
qu'il est chargé de prendre pour le Service
De Sa Majesté Louis Dixhuit —

Le Ministre de la guerre
Le Gal Cte Dupont

Signé apparophié ne Servant que
Pour du dépôt que j'en ai faite
à M. le Prefet de police
le 27 avril 1814
De Moubreuil

Commissariat Provisoire
De la Police Générale

Paris Le 17 Avril 1814.

Cent-dix-sept.

Nous Commissaire Provisoire près le Département
de la Police Générale invitons la autorité administrative
chargée de la Police, à donner a Mr de Montbreuil tous
les secours qui lui seront nécessaires et qu'il réclamera, pour
remplir la mission secrète qui lui est confiée.

Le Commissaire provisoire chargé
du portefeuille De la Police Générale

Commaire Proor. de la
Police Ge des
Ne Varneret
Colleville

Anglès

Signé le paraphe ne tarielter
audeur du depôts que j'en ai fait
Cejourd'hui à Mr le Préfet de Police
Ce 27 avril 1814

De Montbreuil

Cons⁺ d'État D⁺⁺
G.al de l'O.d.on des Postes *Cent neuf*

LE DIRECTEUR GÉNÉRAL des Postes, ordonne aux
Maîtres de poste de la route de Paris, à *tout autre*
lieu de fournir à *Monsieur de Montbreuil*
Chargé d'une mission importante —
le nombre de chevaux et postillons dont *il* aura besoin,
en payant suivant l'ordonnance, et de veiller à ce que *son*
service ——————— se fasse avec célérité

Fait à Paris, à l'hôtel des Postes, le *17 avril* 1814.

Le Conseiller d'État Directeur G.al des Postes

Bonnevie

Le Directeur général ordonne aux maîtres
de Poste de prendre toutes les mesures pour
que le voyage de M. de Montbreuil
n'éprouve pas le plus léger retard

Bonnevie

TABLE DES MATIÈRES